평균 이상의 삶을 선택하라

평균 이상의 삶을 선택하라
나만의 기준으로 살고 싶은 3040을 위한 지침서

초 판 1쇄 2025년 05월 15일

지은이 신화성
펴낸이 류종렬

펴낸곳 미다스북스
본부장 임종익
편집장 이다경, 김가영
디자인 임인영, 윤가희
책임진행 이예나, 김요섭, 안채원, 김은진, 장민주

등록 2001년 3월 21일 제2001-000040호
주소 서울시 마포구 양화로 133 서교타워 711호
전화 02) 322-7802~3
팩스 02) 6007-1845
블로그 http://blog.naver.com/midasbooks
전자주소 midasbooks@hanmail.net
페이스북 https://www.facebook.com/midasbooks425
인스타그램 https://www.instagram.com/midasbooks

© 신화성, 미다스북스 2025, Printed in Korea.

ISBN 979-11-7355-233-5 03190

값 17,900원

※ 파본은 구입하신 서점에서 교환해드립니다.
※ 이 책에 실린 모든 콘텐츠는 미다스북스가 저작권자와의 계약에 따라 발행한 것이므로 인용하시거나 참고하실 경우 반드시 본사의 허락을 받으셔야 합니다.

미다스북스는 다음세대에게 필요한 지혜와 교양을 생각합니다.

평균 이상의 삶을
선택하라

나만의 기준으로 살고 싶은
3040을 위한 지침서

신화성 지음

미다스북스

프롤로그 ... 7

1장 더 나은 삶을 위해서 마인드셋부터 바꿔라

평균 이상의 기준을 새롭게 정의하라 ... 15
비교의 습관에서 벗어나는 방법 ... 18
나만의 기준을 세우는 전략 ... 22
목표를 설정하고 설계하라 ... 25

2장 평범한 자리에 있어도 기회를 잡는 법

'명문대=성공'이라는 믿음을 깨라 ... 33
숨어 있는 인생의 기회를 찾아라 ... 35
작은 경험들이 미래를 결정한다 ... 38
즉각적인 실천, 마인드셋 전환 ... 41

3장 삶의 방향을 주도적으로 설계하라

내가 원하는 삶의 기준을 구체화하라 ... 48
외부 시선을 멈추고 나만의 길을 가라 ... 52
길을 잃을 때 다시 방향을 잡는 질문 ... 56
왜 이 길을 걷고 있는가, 다시 물어보라 ... 60

4장 '선택의 힘'을 내 편으로 만들어라

나만의 선택 기준을 만들고 싶다면 ... 66
망설임에서 벗어나는 결단 훈련 ... 69
감정은 지나가지만 기준은 남는다 ... 73
지속 가능한 선택을 위한 나만의 루틴 ... 78

2부 빠른 실행

신중히 설계하고 바로 행동하라

5장 20대라면
더 탄탄한 미래를 위한 30대 계획

20대의 경험을 정리하는 로드맵 그리기	86
지금 이 선택이 10년 후 나를 만든다	89
더 나은 30대를 위해 점검해야 할 3가지	91
준비됐다면, 이제 움직여라	95

6장 30대라면
평균 이상의 40대를 위한 자기관리 전략

돈이 아닌 '돈을 다루는 감각'을 키워라	102
에너지와 컨디션을 회복하는 루틴의 힘	104
성장을 지속하는 배움의 습관을 만들어라	107
10년 뒤 나를 위한 오늘의 자산을 쌓아라	110

7장 40대라면
도전하라, 실행이 당신을 바꾼다

작은 도전부터 시작하라	118
두려움보다 실행을 선택하는 태도	121
실패에서 배우고 다시 도전하라	126
나만의 프로젝트를 실현하라	130

8장 일상 속
작은 행복을 실천하라

루틴 속에서 기쁨을 찾는 방법	136
정리된 공간이 나에게 주는 힘	140
계절, 음식, 감정 속에서 감각을 회복하라	143
지금 이 순간을 온전히 살아내는 연습	147

9장 성공하는 사람들의 루틴은 어떻게 다른가

아침을 다르게 시작하는 사람들의 비밀 … 156
의욕이 사라지는 날, 어떻게 회복할 것인가 … 160
에너지를 끌어올리는 루틴을 활용하라 … 165
지치지 않고 꾸준히 실행하는 전략 … 171

10장 나를 성장시키는 관계와 연결의 힘

관계를 리셋해야 삶이 바뀐다 … 180
피드백을 기회로 바꾸는 사람들의 대화법 … 184
함께 성장할 수 있는 사람을 곁에 두는 방법 … 190
평균 이상의 사람들과 연결되라 … 195

11장 삶을 리셋하고 싶은 순간, 다시 시작하는 법

슬럼프에 빠졌을 때, 해야 할 5가지 연습 … 204
무너진 루틴을 복구하는 리부트 전략 … 209
실패와 후회를 자산으로 전환하는 방법 … 215
다시 시작하는 사람들의 3가지 공통점 … 218

12장 평균 이상을 완성하는 삶의 태도

평범한 자리에서 만드는 평균 이상의 삶 … 226
비교보다 실행, 성공보다 성장에 집중하라 … 229
평균 이상의 삶은 결국 '선택'의 결과다 … 233
내 삶을 살아낸 당신에게 전하고 싶은 말 … 237

프롤로그

평균이라는 단어 앞에
너무 자주 작아졌던 나에게

"나 정도면… 평균 이상인가?"

이 질문, 한 번쯤 해보신 적 있지 않으신가요? SNS를 켜면 누군가는 직장에서 승진을 하고, 누군가는 결혼을 하고, 또 다른 누군가는 세계 여행 중입니다. 그렇게 하루에도 몇 번씩 나와 타인을 비교하며 스스로의 위치를 가늠하곤 하죠. 나만 뒤처진 것 같고, 나만 뭔가 못 하고 있는 것 같고, 어느새 나의 속도는 사라지고, 세상이 정한 기준이 나의 방향을 대신하기 시작합니다.

저도 그랬습니다. 명문 대학을 가야 잘된다는 말, 빠르게 자리를 잡아야 안심이라는 말, 서른이 되기 전에 이뤄야 할 목록들. 그 기준을 따라가느라 나만의 루트를 잃어버렸고, 그 루트가 없다는 사실에 더 흔들렸습니다. 하지만 어느 순간부터 이 생각이 들기 시작했습니다. 평균 이상이라는 기준은 누가 만든 걸까? 그리고 그 평균을 넘는 게 정말 중요한 걸까?

그 질문의 끝에서 저는 깨달았습니다. 진짜 평균 이상이란, 남과 비교해서 뛰어난 삶이 아니라, 비교하지 않고 '나의 기준'을 지키며 살아가는 삶이라는 것. 조금 더디 가더라도, 조금 엉성하더라도, 그 길이 내가 선택한 길이라면, 그 삶은 이미 평균 이상일 수 있다고 믿게 되었습니다.

  이 책은 저의 경험과 고민, 그리고 수많은 작은 선택들의 기록입니다. 지금 이 책을 펼치신 당신도 타인의 루트가 아닌, 당신만의 루트를 만들고 싶기에 여기 계신 거라 생각합니다. 당신의 삶에 작은 방향을 제시할 수 있다면, 그리고 이 책이 당신이 일상 속에서 던지는 "이 길이 맞는 걸까?"라는 질문에 조금 더 담담하게, 자신감 있게 답할 수 있도록 도와줄 수 있다면, 저는 그것만으로 충분히 의미 있다고 생각합니다. 평균 이상의 삶은 멀리 있지 않습니다. 이미 당신 안에 있고, 오늘 당신이 내리는 선택 속에 있습니다. 이제 그 삶을 함께 꺼내볼 시간입니다.

1부 마인드셋

평균 이상의 삶은 내면에서 시작된다

1장 더 나은 삶을 위해서 마인드셋부터 바꿔라
2장 평범한 자리에 있어도 기회를 잡는 법
3장 삶의 방향을 주도적으로 설계하라
4장 '선택의 힘'을 내 편으로 만들어라

세상은 늘 누군가의 기준으로 정의된다. 연봉, 직업, 학교, 나이, 결혼 여부, 자녀 계획. 수많은 항목들이 삶의 질을 판단하는 지표로 사용되곤 한다. 그러나 진짜 중요한 것은 타인의 기준이 아니라, 나만의 기준이다.

1부에서는 자신만의 관점으로 삶을 바라보는 연습부터 시작한다. 무의식적으로 따라온 비교의 습관을 멈추고, 기준을 세우며, 방향을 선택하고, 확신 없이도 앞으로 나아가는 힘을 이야기한다. 삶을 바꾸고 싶다면, 먼저 기준을 바꿔야 한다. 그 시작은 언제나 내 안에서부터다.

1장

더 나은 삶을 위해서 마인드셋부터 바꿔라

우리는 우리 생각의 결과다.
마음속에 품은 대로 우리는 된다.

_마하트마 간디

우리는 하루에도 몇 번씩 스마트폰을 꺼내 SNS를 확인한다. 출근길 지하철 안에서, 점심시간 짬을 내어, 자기 전에 침대에 누워 무심코 피드를 넘기며 남들의 삶을 들여다본다. 단순한 습관처럼 보이는 이 행동 속에, 우리 삶을 흔드는 작고 강력한 자극이 숨어 있다. 그 속에는 언제나 비슷한 패턴의 글들이 올라온다.

"내 연봉은 0000만 원인데, 나 정도면 평타인가요?"
"20대 치고 이 정도면 성공한 거 아닌가요?"
"이제는 부수입도 필수인 시대잖아요."

어떤 이는 유럽 여행 사진을 올리고, 어떤 이는 명품 브랜드의 신상 가방을 들고 있다. 또 어떤 이는 새벽 5시에 일어나 독서를 하고, 운동을 마친 후 단백질 식단을 올리며 말한다. "나는 오늘도 나를 위해 살고 있다." 이 모든 글들은 부지불식간에 우리에게 이렇게 말하고 있다. "나 정도는 되어야, 괜찮은 삶인 거야." 우리는 그 게시물들을 보며 자연스럽게 질문을 던

1장 더 나은 삶을 위해서 마인드셋부터 바꿔라

진다.

"나도 저 정도는 되어야 하지 않을까?"
"내가 지금 이 나이에 이 정도면 괜찮은 걸까?"
"왜 나는 아직도 이만큼밖에 못했지?"

여기서 문제가 시작된다. 당신은 '평균 이상'이라는 기준을 어디서 배웠는가? 그리고 그 기준은 정말 당신에게 맞는 것인가?

PART·1·MINDSET

평균 이상의 기준을
새롭게 정의하라

'평균 이상'은 눈에 보이지 않는 환상이다. 지금 우리는 '평균 이상'이라는 이름의 사회적 착각 속에 살아가고 있다. SNS에서는 마치 모두가 잘 살고 있는 것처럼 보인다. 억대 매출을 올렸다는 인증, 30대 초반에 아파트를 매입했다는 자랑, 새벽 5시에 기상해서 책을 읽고 헬스장에 다녀왔다는 루틴. 이들의 삶은 화려하고 완벽해 보인다. 하지만 그것은 우리가 볼 수 있는 극히 일부의 장면일 뿐이다.

이런 사람들을 보면 이런 생각이 들지 않는가? "나만 뒤처지는 것 같아.", "나는 지금도 이렇게 허덕이는데…." 하지만 그들이 보여주는 것은 '삶의 하이라이트'일 뿐이다. 그들 역시 아침에 일어나기 싫어 무기력함을 느끼고, 투자에 실패하기도 하며, 인간관계로 상처를 받기도 한다. 슬럼프, 고민, 실패, 좌절, 고립, 무기력… 그 모든 건 SNS에 올라오지 않는다. SNS는 절대로 누군가의 인생 전체를 보여주지 않는다. 우리가 보는 것은 '전시된 장면'이며, '편집된 자화상'일 뿐이다.

평균 이상의 기준은 외부가 아니라, 내가 만들어야 한다

'평균 이상'이란 말은 누군가의 기준일 뿐이다. 그리고 그 기준은 시대와 사회, 환경에 따라 언제든지 달라질 수 있는 상대적인 값이다. 그 기준을 따르며 사는 동안, 당신은 절대 만족할 수 없다. 그들이 연봉을 올리면, 나도 그만큼 올려야 할 것 같다. 그들이 새 차를 사면, 나도 차를 바꿔야 할 것 같다. 그들이 결혼하는 사진을 올리면, 나까지 조급해진다. 이런 삶은 끝없는 비교 게임이다. 그리고 이 게임에서는 누구도 만족하지 못한다. 아무리 높은 곳에 올라가도, 항상 위에는 누군가가 있기 때문이다.

내가 아무리 성과를 쌓아도, 비교의 기준은 계속 이동한다. 만족은 잠깐이고, 곧 다음 목표가 당신을 재촉한다. 그것은 발전이 아니라, 불안에 기반한 움직임일 뿐이다. 내가 누구보다 열심히 살고 있음에도 불구하고, 마음속엔 늘 "나는 아직 부족하다."라는 생각이 자리 잡고 있다. 이 불안의 본질은 '타인의 기준'을 기준 삼고 살아가는 데서 온다. 그러니 삶의 방향타를 외부가 아니라, 내 안으로 돌려야 한다.

나의 삶은 내가 기준을 정할 때부터 시작된다. 이제 '평균 이상'이라는 말을 새롭게 정의하라. 그 기준은 더 이상 남들이 정하는 것이 아니다. 내가 의미 있다고 느끼는 삶, 내가 행복을 느끼는 순간, 내가 만족하는 오늘. 이 모든 것이 '나만의 평균 이상'이다. 타인의 잣대에서 벗어나야 한다. 세상이 말하는 성공의 이미지에서 벗어나야 한다. '남들보다 더'를 기준으로 삼지 말고, 어제의 나보다 더 나아진 '나'를 기준으로 삼아야 한다. 그 기준으로 나의 오늘을 평가할 수 있다면, 당신은 이미 평균 이상이다.

지금 내가 작은 도전을 시도하고 있다면, 그 자체로 평균 이상이다. 지금 내가 자신의 삶에 의미를 찾고 있다면, 이미 멋진 삶을 살고 있는 것이다. 중요한 건 숫자도, 직장도, 집의 평수도 아니다. 중요한 건, 나 스스로 나는 괜찮다고 느끼는 그 순간이다. 그것이 평균 이상의 삶을 사는 사람만이 누릴 수 있는 자존감이며, 평온함이다. 당신은 이미 평균 이상이다. 당신만의 기준으로 살기로 결심한 그 순간부터.

PART · 1 · MINDSET

비교의 습관에서
벗어나는 방법

　우리는 어느 순간부터 SNS를 통해 남들의 삶을 더 자주, 더 가까이 들여다보게 되었다. 누군가는 새벽 다섯 시에 기상해서 영어 공부를 하고, 또 다른 누군가는 주식이나 코인 투자로 단 하루 만에 몇백만 원의 수익을 냈다고 자랑한다. 어떤 사람은 유명 대학을 졸업한 뒤 글로벌 기업에 입사해 멋진 커리어를 쌓고 있다고 한다. 우리는 그들의 콘텐츠를 가볍게 넘기려 하지만, 어느 순간 그 콘텐츠들이 우리의 머릿속에 깊숙이 각인되어 있는 것을 발견할 수 있다. 처음에는 단순히 멋지다고 생각했지만, 점점 나 자신과 비교하며 불안과 초조함이 밀려온다. 왜 나는 저렇게 살고 있지 못한 걸까. 왜 나는 아직도 제자리일까. 도대체 뭐가 잘못된 걸까. 이런 의문들이 가슴 깊숙이 스며든다.

　이러한 감정은 단순한 기분이 아니다. 반복되는 SNS 소비는 우리의 사고방식과 자존감에 직접적인 영향을 준다. 사람들은 SNS에 자신이 가장 빛났던 순간만을 올린다. 성공적인 결과, 멋진 외모, 부지런한 루틴, 성취한 목표. 그런 것들만이 피드 위에 남는다. 그리고 우리는 그 편집된 하이라이트를 보며, 남들과 나를 비교한다. 그러면서 잊는다. 그들의 하루에도 지루함과 좌절이 있다는 것을. 그들이 보여주지 않은 순간, 우리와 비슷하게 고민하고 불안해하고 있다는 사실을 우리는 쉽게 놓쳐버린다.

단지 SNS만의 문제는 아니다. 우리는 어릴 적부터 "남보다 앞서야 한다.", "뒤처지면 안 된다."라는 말을 들으며 자랐다. 좋은 성적을 받아야 인정받고, 좋은 대학을 가야 성공할 수 있으며, 좋은 직장에 들어가야 안정적인 인생을 살 수 있다고 믿어왔다. 이런 기준은 우리를 끊임없는 경쟁 속으로 밀어 넣는다. 학창 시절에는 친구들과 성적을 비교하고, 대학생이 되면 학벌과 스펙을 비교하며, 사회에 나와서는 직장, 연봉, 결혼 여부, 자녀 교육까지 모든 것을 타인과 겨주게 된다. 그렇게 우리는 비교하지 않고는 나 자신을 설명할 수 없는 습관을 갖게 된다.

지금 우리는 어떤 비교를 하고 있을까. 누가 더 좋은 직장을 다니는지, 누가 더 빨리 승진했는지, 누가 더 큰 평수의 집을 샀는지, 누가 더 화려한 해외여행을 다녀왔는지, 누가 더 명품을 많이 소유했는지, 누가 더 자기계발을 열심히 하면서 건강한 생활을 하는지, 온갖 항목이 우리의 비교 대상이 된다. 그런데 이 비교에는 끝이 없다. 누군가가 목표를 달성한 순간, 또 다른 누군가가 더 높은 성취를 보여준다. 그렇게 비교의 기준은 계속해서 높아지고, 우리는 현재의 자신을 인정하지 못한 채 계속해서 더 높은 곳을 바라보며 불안에 빠진다.

한때 나는 연봉 5천만 원이면 충분하다고 여겼다. 그러나 이제는 온라인에서 연봉 1억 인증이 흔하고, 20대 후반에 경제적 자유를 이뤘다는 사람이 넘쳐난다. 부동산도 마찬가지다. 과거에는 전세를 마련하는 것만으로도 큰 성취였지만, 지금은 내 집 마련이 당연하게 여겨지고, 그것을 넘어 강남

권에 아파트를 산 이야기가 부러움의 대상이 된다. 우리는 점점 더 비현실적인 기준을 따라가며, 평범한 자신의 삶을 실패한 것처럼 느낀다. 더 무서운 건, 이제 '평범함'조차 SNS에서는 사라졌다는 것이다.

SNS 속에서 보통의 삶은 존재하지 않는다. 모두가 성공했고, 모두가 열심히 살아가며, 모두가 남들보다 앞서 있는 것처럼 보인다. 그리고 이런 이미지들이 반복되면서 우리는 점점 더 깊은 강박에 시달리게 된다. 뭔가 하고 있어야 할 것 같고, 지금보다 더 나은 모습이 되어야만 할 것 같고, 쉬고 있는 시간마저도 죄책감으로 가득 차게 된다. 단지 내가 잠시 멈췄다는 이유만으로 뒤처졌다고 느끼는 것이다.

그렇다면 이 비교의 늪에서 벗어날 수는 없을까?

당연히 방법은 있다. 먼저 우리는 '비교'를 하는 게 아니라 '기준'을 다시 세워야 한다. 남이 가진 것을 기준 삼지 말고, 어제의 나보다 나아진 오늘의 나를 바라보는 연습을 해야 한다. SNS 속 자랑이 아닌, 내가 만족하는 성취에 집중해야 한다. 남들이 박수 치는 인생이 아니라, 내가 웃을 수 있는 삶이 되어야 한다. 또, 당연하게 느껴졌던 비교의 습관을 의식적으로 끊어내는 연습도 필요하다. 비교가 나도 모르게 시작될 때, "이건 그 사람의 이야기일 뿐이야.", "나는 나의 길을 걷는 중이야."라고 스스로에게 말해보자. 우리는 각자의 시간표를 가진 존재다. 누구는 20대에 빛나고, 누구는 40대에 피어난다. 인생은 결코 동시에 출발하지도, 같은 방식으로 흘러가지도 않는다.

 결국, 비교의 습관에서 벗어난다는 것은 단순한 자기합리화가 아니라 삶을 주체적으로 살기 위한 시작점이다. 우리가 살아가는 이 세상에서 진짜 '평균 이상'이 되기 위해서는, 남들과의 비교를 멈추고 나만의 기준을 세우는 용기를 가져야 한다. 그리고 그 기준은 언제나 현재의 나를 존중하는 데서 시작된다.

PART · 1 · MINDSET

나만의 기준을 세우는 전략

당신은 지금 어떤 기준으로 살아가고 있는가? 좋은 직장, 높은 연봉, 안정된 삶. 이 모든 것은 사회가 제시한 '좋은 삶'의 기준이다. 그런데 그 기준은 당신에게 진짜 중요한 것인가? 아니면 그냥 그렇게 살아야 할 것 같아서 따라가고 있는 것인가? 우리는 대부분 삶의 기준을 외부에서 가져온다. 부모님의 기대, 사회의 시선, 친구의 성취, SNS 속 성공 사례들. 그런데 문제는, 그 기준을 내가 설정하지 않았기 때문에 만족시키기가 어렵다는 데 있다. 아무리 따라가도 끝이 없고, 성취해도 공허하다. 그 기준 자체가 나의 삶과 어긋나 있기 때문이다.

지금부터는 삶의 방향에 대한 기준을 다시 세워야 한다. '나만의 기준'으로 인생을 설계하는 것. 그것이야말로 비교에서 벗어나고, 진짜 평균 이상의 삶을 살아가기 위한 첫 번째 전략이다. 기준은 크게 세 가지로 나눌 수 있다.

나는 어떤 삶을 살고 싶은가? 나는 무엇을 중요하게 생각하는가? 물질적인 성취보다 관계를 중시하는 사람도 있고, 자유로운 시간을 더 가치 있게 여기는 사람도 있다. 중요한 것은, 정답은 없다는 것이다. 어떤 방향이든 괜찮다. 중요한 건 그 방향이 '진심으로 내가 원하는 것'이냐는 점이다.

성취의 기준을 새롭게 정하라

누군가는 억대 연봉이 성취의 기준일 수 있다. 하지만 또 다른 누군가는 매일 아침 일찍 일어나 책을 읽는 것이 삶의 성취일 수 있다. 중요한 건 '나에게 의미가 있는 성취'인지에 대한 여부다. 작은 성취라도, 내가 의미를 부여할 수 있다면 그것이 곧 기준이 된다. 예를 들어 하루에 30분씩 운동한 것, 주말에 부모님과 식사를 함께한 것, 일기를 한 달간 빠짐없이 쓴 것. 이런 것도 충분히 '나만의 성취'가 될 수 있다.

행복의 기준을 정하라

많은 사람들이 행복을 거창하게 생각한다. 하지만 행복은 항상 큰 목표 뒤에 있는 것이 아니다. 내가 좋아하는 노래를 들으며 산책하는 시간, 좋아하는 카페에서 커피를 마시는 여유, 잘 정돈된 책상 위에서의 하루 시작. 이런 작은 순간이 반복될 때 우리는 비로소 '나는 잘 살고 있다.'라는 만족감을 느낀다. 행복의 기준을 명확히 정하면, 흔들리지 않는다. 남이 얼마나 돈을 버는지, 어떤 차를 타고 다니는지는 더 이상 나를 불안하게 만들지 않는다.

나만의 기준을 세우기 위한 질문을 던져보자

나는 어떤 삶을 살고 싶은가?
어떤 순간에 행복을 느끼는가?
어떤 일을 할 때 가장 몰입하는가?
지금의 나는 내 기준에 충실한 삶을 살고 있는가?

이런 질문들을 반복적으로 던지고, 스스로에게 답을 찾아가는 과정이 바로 '기준 설정'이다. 그리고 이 기준을 중심으로 삶을 계획하고 선택하면, 남들이 뭐라 하든 흔들리지 않는 내 삶이 완성된다.

기준이 없는 삶은 남들이 던진 방향으로 흔들리는 나무와 같다. 하지만 기준이 있는 삶은 중심이 단단하다. 누가 뭐라 해도, 나는 나의 기준에 따라 행동한다. 그래서 결국, 나만의 길을 걸을 수 있다. 평균 이상이란 단어는 남이 정하는 게 아니다. 내가 기준을 정하고, 그 기준에 따라 살아가는 삶. 그것이야말로 진짜 '평균 이상'의 삶이다.

목표를 설정하고 설계하라

목표는 삶을 이끄는 나침반이다. 목표가 있는 사람은 방향을 잃지 않는다. 반대로 목표가 없는 사람은 어떤 길로 가야 할지 몰라 헤매기 쉽다. 더 나은 삶, 평균 이상의 삶을 원한다면, 가장 먼저 해야 할 일은 바로 '나만의 목표'를 명확히 설정하는 것이다. 많은 사람들이 목표를 세운다고 하지만, 실제로는 막연한 희망에 가까운 경우가 많다. 예를 들어 "돈 많이 벌고 싶어.", "행복하게 살고 싶어." 같은 말들. 이 말들은 목표가 아니다. 단지 느낌일 뿐이다. 목표가 되기 위해서는 구체적이어야 하고, 나만의 기준이 들어 있어야 한다.

목표는 '내가 왜 그것을 원하는가'를 설명할 수 있어야 한다. 목표는 '언제까지 어떻게 도달할 것인가'가 명확해야 한다. 예를 들어 "연봉 1억을 벌고 싶다."라는 말보다 "3년 안에 내가 좋아하는 일을 하며 월 800만 원의 수익을 안정적으로 만들거야."가 더 정확한 목표다. 도전을 계획하기 전에 꼭 해야 할 것이 있다. 그것은 바로 '지금의 나'를 점검하는 일이다. 나는 지금 어디에 있고, 어떠한 것을 가지고 있으며, 어떤 환경에 놓여 있는가? 나의 역량과 한계, 상황을 인정해야 현실적인 목표가 나온다. 현실을 무시한 거

대한 목표는 시작도 하기 전에 좌절을 부른다.

목표는 크다고 좋은 것이 아니다. 오히려 작고 명확한 목표가 훨씬 강력하다. 작은 목표는 도전하기 쉬우며, 성취를 통해 자신감을 준다. 그러다 보면 더 큰 도전도 자연스럽게 가능해진다.

이 과정을 '목표 설계 루틴'으로 만들어보자

Step 1: 나만의 동기를 찾아라. 나는 왜 이 목표를 이루고 싶은가?

Step 2: 구체적인 숫자와 기한을 정하라.
언제까지, 얼마나, 어떤 방식으로 이룰 것인가?

Step 3: 실행 가능한 단계를 나눠라.
한 번에 다 하려 하지 말고, 오늘 할 수 있는 1단계를 생각하라.

Step 4: 점검하고 수정하라.
한 달에 한 번은 현재 상태를 점검하고, 필요한 부분을 조정하라.

이렇게만 해도 훨씬 정교하게 목표를 설정한 것이다. 중요한 것은 이 목표가 '남에게 보이기 위한 것'이 아니라, '진짜 내가 원하는 것'이어야 한다는 점이다.

 남들이 말하는 멋진 직장, 높은 연봉, 완벽한 몸매가 아니라, 내가 진짜 이루고 싶은 목표. 그것이 있어야 지속적으로 도전할 수 있고, 성취도 가능하다. 사람들이 도전을 두려워하는 이유는 실패가 무섭기 때문이다. 그러나 진짜 무서운 것은 목표 없이 살아가는 것이다.

 목표는 삶의 동기이고, 도전의 이유이며, 자신을 성장시키는 가장 강력한 도구다. 지금 당장 완벽한 계획을 만들 필요는 없다. 하지만 하나의 작은 목표부터, 내 삶에 방향을 줄 수 있는 단 하나의 이유부터 찾는 것. 그게 바로 평균 이상의 삶을 시작하는 첫걸음이다.

2장

평범한 자리에 있어도
기회를 잡는 법

기회는 대개 평범한 옷을 입고 있고,
사람들은 그것을 지나쳐버린다.

_ 토마스 에디슨

"좋은 대학을 가야 성공할 수 있다."

이 말은 우리 사회에서 너무도 익숙한 문장이다. 초등학교, 중학교, 고등학교를 거치는 내내 우리는 이 말에 둘러싸여 살아왔다. 학원 선생님도, 담임 선생님도, 부모님도, 이웃도, 언론도 늘 같은 메시지를 던졌다.

"좋은 대학을 가야 좋은 직장을 얻을 수 있다."
"서울로 가야 기회가 많다."

이 말은 오랜 시간 동안 정답처럼 여겨졌다. 하지만 나는 이 말에 작은 물음표를 던졌다. "정말 이게 유일한 길일까?" 나에게 명문대라는 타이틀은 없었다. 그렇다고 무언가를 잃었다고 생각하지는 않았다. 다만, 기회를 얻기 위해 내가 더 많이 움직여야겠다는 생각은 들었다. 명문대라는 간판은 없었지만, 대신 나는 '움직이는 사람'이 되기로 했다.

그래서 시도했다. 무언가에 도전하고 싶다는 마음이 들었고, 바로 창업

관련 동아리에 들어갔다. 그곳에서 처음 '사업'이라는 개념을 접했고, 사업 계획서를 작성하는 법을 배웠고, 정부 지원 사업이 존재한다는 것도 알게 됐다. 만약 내가 가만히 있었다면 결코 알 수 없었던 정보였다.

무작정 지원서를 넣고, 프레젠테이션을 준비하고, 발표를 하러 갔다. 낯선 자리에서 수많은 질문을 받았고, 몇 번은 떨어지기도 했다. 하지만 그러는 동안 나는 몰랐던 세상을 하나씩 알게 되었고, 결국엔 기회를 만드는 법을 배웠다. 그 경험은 학벌과는 무관했다.

중요한 건 '내가 어떤 자리에 있었느냐'가 아니라, '그 자리를 어떻게 활용했느냐'였다. 나는 지금도 종종 묻는다.

"정말 대학 이름이 성공을 보장할까?"

물론, 더 많은 기회가 주어질 수 있다. 더 많은 네트워크를 만날 수 있는 환경일 수도 있다. 하지만 그것이 성공을 결정짓는 핵심 요인은 아니었다.

PART · 1 · MINDSET

'명문대=성공'이라는 믿음을 깨라

　명문대를 졸업했지만, 본인의 적성에 맞지 않는 일을 억지로 하며 살아가는 사람도 봤다. 반면, 내 주변에는 서울에 있는 대학이 아니어도, 혹은 대학을 졸업하지 않았더라도, 자기만의 길을 개척하며 살아가는 사람들이 많았다. 중요한 것은, 누가 더 좋은 간판을 가졌느냐가 아니라, 누가 더 자기 삶을 주도적으로 살아가느냐였다. 명문대에 가지 않아도, 도전할 수 있다. 좋은 대학을 졸업하지 않아도, 인생을 바꿀 수 있다. 정말 중요한 것은 '스펙'이 아니라, 기회를 찾는 눈과 움직이는 태도다.

　나 역시 그랬다. 처음부터 큰 그림이 있었던 것은 아니었다. 다만, 기회는 기다리는 것이 아니라 찾는 것이라는 사실을 알았고, 그 믿음 하나로 움직였다. 결과는 그다지 화려하지 않을 수도 있다. 하지만 나는 내가 선택한 길 위에서, 나의 성장을 스스로 체감하며 살고 있다.

　그리고 이 이야기를 통해 당신에게 전하고 싶은 메시지가 있다. 혹시 당신이 '지금 내 위치는 너무 평범해서 특별한 건 못할 거야.'라는 불안에 시달리고 있다면, 그 생각부터 먼저 깨야 한다는 것이다. 우리가 바꿔야 할 건 '대학의 서열'이 아니라, 성공에 대한 관점이다. 당신이 지금 있는 자리가 어디든, 거기에서부터 기회를 만드는 사람이 될 수 있다. 그리고 그런 사람만이, 진짜 '평균 이상의 삶'을 살아갈 수 있다.

　나의 작은 도전이 바꾼 인생, 당신도 지금부터 만들 수 있다. 지나고 나서야 알았다. 그때 내가 한 아주 작은 도전이, 내 인생을 완전히 바꿔놓았다는 것을. 나는 화려한 간판도, 대단한 배경도 없었다. 그러니 기회를 '기다리는 사람'이 될 수는 없었다. 누구도 내게 "이거 해볼래요?" 하고 손 내밀어 주지 않았기 때문이다. 그래서 선택했다. 찾아다니는 사람이 되기로.

PART · I · MINDSET

숨어 있는
인생의 기회를 찾아라

어디에 기회가 숨어 있을까, 어떻게 해야 하나, 무엇을 해야 하나…. 그렇게 부딪치고 움직이기 시작했다. 처음엔 단순했다. 교내에 있는 창업 동아리에 들어갔다. 그곳에서 처음으로 사업계획서라는 걸 접했고, 정부에서 청년 창업을 지원하는 프로그램이 있다는 사실도 알게 되었다. 한 번 지원서를 썼고, 떨어졌다. 두 번째는 발표까지 갔다. 세 번째 도전에서 드디어 '선정'이라는 단어를 처음 받아들었다. 그리고 깨달았다.

기회는 가만히 있어도 찾아오는 게 아니라, 움직일 때 생기는 것이라는 걸. 그건 단지 나만의 특별한 사례가 아니다. 당신도 지금부터 만들 수 있다. 기회는 항상, 움직이는 사람에게 보이기 때문이다. 나는 그 이후로, 도전을 습관처럼 만들었다. 낯선 환경에 스스로를 밀어 넣었고, 할 수 있을까 망설여질 때, 그냥 "한 번 해보자."라는 마음으로 뛰어들었다. 그렇게 만든 기회가 하나둘 쌓였다. 내가 지금 하는 일, 내가 만난 사람들, 내가 이룬 결과는 모두 그 작고 사소한 시작들에서 비롯되었다. 기회는 거창하지 않다. 내가 오늘 내딛는 아주 작은 한 발자국에서 시작된다.

지금, 당신의 상황이 어떻든 상관없다. 직장인이든, 프리랜서든, 취준생이든, 전업주부든. 기회는 직업이 아니라 태도를 따라 움직인다. 무언가 새롭게 시작하고 싶다면, 아주 작게 시작해보자. 관심 있던 분야의 책 한 권을 읽어보는 것, 평소 궁금했던 주제의 강의를 수강해보는 것, 작게라도 블로그를 만들어 콘텐츠를 써보는 것, 온라인 네트워크 모임이나 오프라인 커뮤니티에 참여해보는 것, 평소 좋아했던 일에 하루 10분만 더 시간을 써보는 것. 이런 것들이 대단한 시작처럼 보이지 않을 수도 있다. 하지만 시간이 흐르면 알게 된다. 이 사소한 움직임들이 어느 순간, 내 삶의 흐름을 완전히 바꿔놓았다는 걸. 인생의 기회는 기다림 속에 있지 않다. 계획만 세우고 실행하지 않으면, 아무 일도 일어나지 않는다. 기회는 늘 주변에 있다. 다만, 움직이는 사람에게만 보인다.

나만의 기회를 만드는 3가지 전략

첫째, 궁금해하라. 호기심은 기회의 출발점이다. '저건 어떻게 하는 거지?', '나도 할 수 있을까?'라는 마음이 들었다면, 거기서 시작하면 된다.

둘째, 적극적으로 찾아라. 정보는 생각보다 가까이에 있다. 요즘 시대엔 온라인 강의, 지원 사업, 커뮤니티, 컨퍼런스, 워크숍 등 기회를 줄 수 있는 통로가 너무 많다. 단지 모르는 것뿐이다. 그래서 찾아야 한다.

셋째, 작게라도 실행하라. 실행 없는 계획은 아무 의미 없다. 작은 성공을 쌓는 사람만이 더 큰 기회를 끌어당긴다.

나는 여전히 기회를 찾고 있다. 한 번의 성공이 끝이 아니라, 다음 기회를 향한 출발점이라는 걸 알기 때문이다. 그리고 말하고 싶다. 당신도 지금부터 시작할 수 있다. 당신이 지금 있는 자리에서, 당신만의 방식으로. 무엇이든 작은 한 걸음이면 충분하다. 그러니 오늘 하루, 당신만의 기회를 향해 작은 시도 하나를 해보자. 그것이 몇 년 뒤, 당신 인생을 바꿔놓을지도 모르니까.

PART 1 MINDSET

작은 경험들이
미래를 결정한다

나는 처음부터 큰 기회를 가진 사람이 아니었다. 특별한 배경도 없었고, 눈에 띄는 스펙이 있었던 것도 아니다. 조용히 대학 생활을 시작한 내게, 세상이 주는 기회란 멀게만 느껴졌다. 하지만 지금 내가 부족해 보여도, 스스로 기회를 만들 수 있다고 나는 확신했다. 누군가의 추천이나 외부에서 주어지는 조건을 기다리는 대신, 나 스스로 움직여보기로 했다. 작은 경험이라도 하나씩 쌓아보기로.

지금 생각해보면, 처음 내가 한 도전은 아주 소소한 것이었다. 강의실 밖에서 사람들과 아이디어를 나눠본 것, 지역에서 열리는 창업 설명회를 찾아간 것. 그런 작은 움직임들이 내 안의 자신감을 조금씩 키워주었다. 별것 아닌 줄 알았던 경험들이, 나를 세상과 연결시키는 문이 되었다. 사업계획서를 써본 적도 없던 내가 처음으로 밤새며 기획서를 완성했고, 창업 지원 사업에 서툴게 지원서를 넣었다. 결과는 기대 이상이었다. 정부지원금을 받았고, 그 돈으로 제품을 만들 수 있었다. 내 이름을 걸고, 내 생각을 현실로 만든 첫 경험이었다. 몇 년간 운영하던 나의 브랜드는 좋은 기회를 잡아 매각했다. 그 순간 나는 기회란 누가 주는 것이 아니라, 내가 만든다는 걸

확인했다. 그리고 그 시작은 항상 '작은 경험'에서 비롯된다는 걸.

세상은 거창한 결과를 주목하지만, 진짜 변화는 아주 사소한 움직임에서 시작된다. 그 움직임을 얼마나 자주, 얼마나 진지하게 반복하느냐가 인생을 바꾼다.

지금 당신의 일상은 어떤가? 하루하루가 바쁘고, 피곤하고, 똑같은 루틴 속에 갇혀 있다면 더욱 그렇다. 뭔가 변화가 필요하다고 느끼면서도, 막상 무엇을 해야 할지 모르겠다면 더더욱 '작은 경험'이 필요하다. 평소에 관심 있었던 주제의 책을 한 권 사서 읽어보는 것. 무료로 들을 수 있는 강의를 찾아보는 것. 작은 모임에 참여해보고, 블로그를 열어 당신의 생각을 정리해보는 것. 이런 것들이 모두 '기회를 만드는 씨앗'이다.

우리는 지금 너무 많은 것을 완벽하게 준비해야 한다고 생각한다. 그래서 아무것도 시작하지 못한 채, 시간만 보내는 경우가 많다. 하지만 기회는 준비된 자에게 오지 않는다. 움직이는 자에게 온다. 완벽하지 않아도 괜찮다. 불완전한 시도라 해도, 그것이 축적되면 언젠가는 큰 기회가 된다. 내 주변에도 그런 사람들이 많았다. 스펙이 부족했지만 작은 블로그를 꾸준히 운영해 강연 요청을 받은 사람, 직장 다니며 영상 편집을 배워 유튜버로 전업한 사람, 퇴근 후 글을 써서 책을 낸 사람까지. 모두가 거창하게 시작하지 않았다. 처음엔 사소했고, 그저 궁금해서 해봤을 뿐이었다. 하지만 그것이 그들의 인생을 완전히 바꿔놓았다.

삶은 결국 이렇게 바뀐다. 작고 반복적인 시도가 모여 어느 순간 당신만의 기회가 되고, 그것이 당신을 이전과 전혀 다른 차원의 사람으로 만들어준다. 평균 이상의 삶을 사는 사람들은 결국 '행동하는 사람'이다.

행동은 곧 경험을 만들고, 경험은 기회를 불러온다. 그러니 너무 먼 미래를 바라보며 두려워하지 마라. 지금 할 수 있는 작은 경험 하나가, 당신 인생을 바꿀 수 있다. 당신이 있는 자리에서 지금 당장 할 수 있는 일이 무엇인지 떠올려보라. 작게 시작하더라도, 계속 움직이면 그 흐름은 끊어지지 않는다. 그리고 당신은 점점 더 많은 문을 열게 될 것이다. 큰 성공은 멀리 있는 것이 아니라, 지금 당신의 한 걸음 안에 있다. 지금의 평범한 일상 속에서도, 당신은 충분히 평균 이상의 삶을 향해 가고 있다.

기회를 원하는가? 그렇다면 지금 당장 움직여라. 기회는 준비된 사람이 아니라, 움직이는 사람에게 주어지는 법이다. 그리고 그 첫걸음은 언제나 '작은 경험'에서 시작된다.

PART · 1 · MINDSET

즉각적인 실천, 마인드셋 전환

평균 이상의 삶을 사는 사람은 특별한 기회를 기다리는 사람이 아니다. 오히려 아주 평범한 순간에도 실행할 줄 아는 사람이다. 누군가는 거창한 목표를 세우고는 시작하지 못하고 주저하지만, 평균 이상의 삶을 살아가는 사람은 아무리 작아도 오늘 할 수 있는 일부터 시작한다. "해야 할 일을 알고 있지만 하지 못하고 있다." 이 문장을 매일 되풀이하며 살아가는 사람이 많다. 나 역시 그랬다. 머릿속에는 수많은 생각과 아이디어가 떠오르는데, 정작 그것을 실행으로 옮기지 못해 후회한 날들이 많았다. 하지만 어느 날 문득 깨달았다. 생각만 하는 한, 나는 아무것도 바꿀 수 없다는 사실을.

그래서 아주 작게, 아주 사소하게, 아주 부담스럽지 않게 시작해보기로 했다. 하루 1시간짜리 강의를 듣기엔 부담스러웠지만, 5분짜리 유튜브 영상은 틀 수 있었다. 책 한 권을 다 읽는 건 막막했지만, 하루 한 페이지를 읽는 건 할 수 있었다. 아이디어를 머릿속에만 맴돌게 하지 않고 메모장에 적어보고, 그중 하나를 아주 작게라도 실행해보기로 했다. 그렇게 작은 행동들을 시작하자 놀랍게도 내 안의 에너지가 바뀌기 시작했다. 하루 5분의 실천이 내 자존감을 회복시켰고, 한 줄의 글쓰기가 나의 방향을 조금씩 선명하게 만들었다. 아무도 몰랐고, 눈에 띄지도 않았지만, 나는 매일 '평균 이상을 향해' 1mm씩 움직이고 있었다.

여기서 중요한 건 완벽한 실행이 아니라 즉각적인 행동이다. 완벽하게 준비된 상태는 사실 오지 않는다. 생각이 많아질수록 머릿속은 복잡해지고, 행동은 늦어진다. 반면, 지금 이 순간 할 수 있는 아주 작은 일은 분명히 있다. 오늘이 지나면, 내일은 더 피곤할 수도 있고, 더 지칠 수도 있다. 기회를 만드는 사람과 기회를 놓치는 사람의 차이는 결국 '당장 움직이느냐, 나중으로 미루느냐'에 있다.

행동력은 근육과 같다. 쓰지 않으면 퇴화하고, 반복하면 단단해진다. 하루 5분짜리 움직임이 쌓이면, 나중에는 5시간짜리 프로젝트도 감당할 수 있는 실행력이 생긴다. 처음에는 그저 시작했을 뿐인데, 나도 모르게 실행하는 사람이 되어 있다. 이 실행력은 나중에 예상하지 못한 기회가 왔을 때, 그 기회를 잡을 수 있는 유일한 무기가 된다. 그리고 그 무기는 결국 평균 이상의 삶을 가능하게 만든다. 평균 이상이란 단지 성취의 결과가 아니라, 움직이는 태도에서 출발한다. 늘 고민만 하며 머물러 있는 사람이 아닌, 작지만 확실한 행동을 지속하는 사람. 그들이 결국 스스로 만족하는 삶에 도달하게 된다.

만약 지금 당신이 어떤 일을 생각하고 있다면, 오늘이라도 그 일을 1%만 실행해보자. 하루 10분 운동을 시작해보는 것, 커피 한 잔 덜 마시고 그 시간에 글 한 문장 써보는 것, 자기 전에 감사한 일을 하나만 기록해보는 것, 온라인 강의 사이트에 들어가 관심 있는 주제를 둘러보는 것, SNS를 끄고, 메모장을 켜 한 줄의 아이디어라도 적어보는 것. 이런 행동들은 작아 보여도 당신의 삶을 완전히 바꿔놓는 전환점이 될 수 있다. 그 변화는 오늘부터 시작할 수 있고, 특별한 사람만 누리는 것도 아니다. 실행력은 후천적으로 만들어지는 능력이다. 계속 움직이면 결국 '나는 행동하는 사람'이라는 자기 이미지가 만들어진다. 그리고 그 자기 이미지는 더 큰 행동을 유도하고, 더 큰 성취로 연결된다.

결국, 오늘의 작은 행동이 내일의 기회를 만들고, 그 기회들이 평균 이상의 삶을 이루는 디딤돌이 된다. 기회는 멀리 있는 게 아니다. 변화도, 성공도, 만족도 거창하게 오지 않는다. 항상 '실행하는 사람'에게 먼저 찾아간다. 당신이 오늘 실행하는 단 하나의 행동이, 당신을 평균 이상의 삶으로 이끄는 첫 번째 움직임이 될 것이다.

3장

삶의 방향을 주도적으로 설계하라

당신의 삶을 설계하지 않으면,
누군가의 계획 속에서 살아가게 된다.

_ 짐 론

우리는 대부분 '어떻게 살아야 하는가?'보다 '어떻게 살아야만 하는가?'를 먼저 배웠다. 학교에서는 좋은 성적을 받는 법을 배우고, 사회에서는 좋은 회사를 가야 한다는 압박을 받는다. 부모님은 늘 "안정된 직장을 가져야 한다."라는 이야기를 해주셨고, 친구들끼리는 누가 더 나은 사람과 결혼했는지, 누가 더 좋은 연봉을 받는지 비교하곤 했다. 그러는 사이, 우리는 '내가 원하는 삶'이 무엇인지 질문하는 법을 잊어버렸다.

삶의 기준이 사회가 정해준 잣대에 맞춰지기 시작하면서, 나 자신의 진짜 목소리는 점점 작아졌다. 남들이 말하는 '성공'이라는 프레임 안에서 괜찮은 인생을 살고 있는 듯 보일지 몰라도, 문득문득 이런 질문이 떠오르곤 한다. 이게 진짜 내가 원하는 삶이 맞을까? 누구의 기준으로 살고 있는 걸까? 우리는 이제 이 질문 앞에 정직하게 서야 한다.

PART 1 MINDSET

내가 원하는 삶의 기준을 구체화하라

평균 이상의 삶을 살기 위해서는, 내 삶의 방향과 기준을 내가 직접 정해야 한다. 지금까지는 남이 정해준 기준을 따라가는 삶이었다면, 이제는 방향타를 스스로 잡아야 한다. 그 기준은 막연해서는 안 된다. "그냥 행복하게 살고 싶어.", "그냥 남들처럼만 살면 돼." 같은 추상적인 말로는 삶의 방향을 구체화할 수 없다.

기준은 선택을 만들고, 선택은 결과를 만든다. 그렇기에 나만의 기준은 구체적이고, 현실적이며, 행동으로 옮길 수 있는 형태여야 한다.

내가 중요하게 생각하는 가치를 정하라

삶의 기준을 구체화하려면, 먼저 내가 진짜 중요하게 생각하는 것이 무엇인지부터 명확히 해야 한다. 예를 들어 이런 질문을 던져보자.

나는 돈보다 시간이 더 중요한가?

명예보다 자유가 더 중요한가?

사람들과 함께하는 삶이 좋은가, 혼자 몰입하는 삶이 좋은가?

안정적인 삶이 좋은가, 도전적인 삶이 좋은가?

이 질문에 정직하게 답하다 보면, 남들이 정해준 기준이 아닌 '내 기준'이 보이기 시작한다.

예시 1: A는 '시간적 자유'를 가장 중요하게 생각했다. 그래서 연봉이 낮아지더라도 재택 가능한 프리랜서 일을 선택했고, 그 덕분에 스트레스는 줄고 삶의 만족감은 오히려 높아졌다.

예시 2: B는 '의미 있는 일'을 중요하게 생각했다. 그래서 대기업 대신 사회적 기업에 취업했고, 하루하루가 보람차다고 말한다. 기준은 비교가 아니라 선택의 기준이다. 내가 나를 판단하는 기준이 아니라, 내 삶의 선택지를 고를 때 참고하는 나침반이어야 한다.

원하는 삶을 말로 써보라

삶의 기준은 머릿속에만 있으면 힘을 발휘하지 못한다. 반드시 글로 적고, 입 밖으로 말해봐야 한다.

지금의 나는 어떤 삶을 원하는가?

하루 일과는 어떻게 흐르고 있는가?

어떤 사람들과 일하고 싶은가?

어떤 공간에서 살고 싶은가?

내 삶에서 절대 포기하고 싶지 않은 가치는 무엇인가?

구체적으로 적을수록 좋다. 막연히 "자유롭게 살고 싶다."가 아니라, "오전에는 조용한 공간에서 일하고, 오후에는 산책하고, 밤엔 가족과 저녁을 먹는 삶을 살고 싶다."처럼 자세히 그려야 한다. 그게 곧 당신 삶의 기준이 된다.

외부 기준에서 벗어나려면 '무의식'을 점검하라

"좋은 집, 좋은 차, 높은 연봉, 명문대, 안정된 직장…." 이 모든 것들이 진짜 내가 원하는 삶일까? 아니면, 그냥 '그래야 한다'고 배운 결과일까? 이 기준들은 우리의 무의식 속에 깊이 박혀 있어서 우리는 이런 생각으로부터 쉽게 빠져나오기 어렵다.

따라서 정기적으로 '나는 왜 이것을 원하는가?'를 스스로에게 묻는 시간이 필요하다. 내가 이 직업을 원하는 이유는 무엇인가? 지금 하는 일이 내가 원해서 선택한 것인가? SNS에 올리는 글이 나를 위한 것인가, 남들을 위한 것인가? 이 질문을 자주 던지다 보면, 나도 모르게 '남의 시선'을 따라

가고 있었던 순간들을 발견할 수 있다. 그리고 그 순간부터, 삶의 방향이 조금씩 '바깥에서 안쪽으로' 이동한다.

기준을 설정했으면, 기준에 맞는 선택을 반복하라

기준이 세워졌다면, 이제는 선택의 일관성이 필요하다. 하루를 어떻게 보낼지, 무슨 일을 선택할지, 누구를 만날지, 어떤 일에 시간을 쓸지, 모든 것이 '나의 기준'에 부합하는지 점검해야 한다. 처음엔 힘들다. 남들이 가는 길을 벗어나는 것 같고, 조급함이 올라온다. 하지만 몇 번의 선택이 쌓이면, 자신감도 생기고 기준도 단단해진다. 작은 선택이 쌓여 인생을 만든다. 나의 가치에 맞는 선택을 하루에 하나씩이라도 해보자.

살다 보면 흔들릴 수 있다. 다시 남들을 보며 불안해지고, 내 삶이 초라해 보일 수도 있다. 하지만 그럴 때마다, 다시 이 문장을 떠올려보자. 내 삶의 기준은, 나 자신만이 세울 수 있다. 남들이 만들어준 기준을 벗어나, 나의 삶을 직접 설계하겠다고 결심하는 순간, 우리는 평균 이상의 삶을 살기 위한 첫 번째 진짜 선택을 한 것이다. 지금부터라도 시작해보자. 당신이 원하는 삶은 지금 이 순간, 당신의 선택으로부터 만들어진다.

PART 1 · MINDSET

외부 시선을 멈추고
나만의 길을 가라

우리는 태어날 때부터 수많은 시선 속에서 자라왔다. 부모님의 기대, 선생님의 평가, 친구들의 반응, 사회의 기준. 나도 모르게 내 삶의 방향은 '내가 진짜 원하는 것'이 아니라, '남들이 인정해주는 것' 중심으로 흘러가기 시작했다. 어떤 옷을 입을지, 어떤 진로를 선택할지, 무엇을 성취해야 할지, 기준은 대부분 외부에 있었다. 이 시선들 속에서 우리는 착각하게 된다. '내가 잘 살고 있는지'의 기준이, 내가 아니라 남들에 의해 정해진다는 착각 말이다.

그러나 평균 이상의 삶이란, 남들이 만들어 놓은 길을 잘 걷는 삶이 아니라, '내가 만든 길'을 한 걸음씩 걸어가는 삶이다. 외부 시선을 의식한 선택은 결국 나를 나답지 않게 만든다. 그 결과는 언젠가 무기력함, 번아웃, 그리고 공허함이라는 이름으로 되돌아온다. 그래서 진짜 중요한 건, 시선을 밖에서 안으로 돌리는 일이다. 남들이 나를 어떻게 보는지보다, 내가 나를 어떻게 바라보는지가 더 중요하다.

외부 시선을 멈추고 나만의 길을 걷는다는 건 단순한 '고집'이 아니다. 그것은 내가 나 자신과 깊이 연결되겠다는 다짐이다. 비교와 인정 욕구에서 벗어나, 나의 가치와 기준을 따라 사는 삶은 훨씬 더 깊이 있고 지속 가능하다. 내가 왜 이 길을 걷고 있는지, 나는 무엇을 위해 이 선택을 했는지 스스로 설명할 수 있다면, 그것이 바로 '나의 길'이다.

타인의 인정 욕구에서 벗어나기 위한 질문을 던져보자

"지금 내가 하고 있는 이 일은, 진짜 내가 원하는 일인가?"
"내가 지금 올리는 이 게시물은 나를 위한 것인가, 누군가의 반응을 기대하고 있는 것인가?"
"내가 꿈꾸는 삶은, 정말 내 안에서 나온 것인가, 아니면 누군가의 인생을 베낀 것인가?"

이런 질문들은 처음엔 불편하지만, 나를 진짜 내 편으로 만드는 데 효과적인 질문들이다. 자꾸자꾸 내면을 들여다보면, 외부의 기준은 점점 힘을 잃는다.

타인의 '이정표'를 내려놓는 연습을 해보자

친구가 대기업에 들어갔다고 해서 나도 따라야 할 이유는 없다. SNS에서 누군가가 30대에 집을 샀다고 해서, 지금 당장 내 상황과 비교하며 좌절할 필요도 없다. 그건 그들의 경로고, 나는 나만의 속도로 걷고 있다. 타인의 이정표는 참고용일 뿐이지, 반드시 따라야 할 매뉴얼이 아니다. 누군가의 삶을 부러워하며 흉내 내기보다는, 지금 내 안에 있는 작은 열망에 더 귀 기울이자.

'나다운 선택'을 하면서 신뢰를 쌓아가자

나만의 길을 간다는 건, 매번 특별한 선택을 해야 한다는 뜻이 아니다. 작게는 하루의 루틴을 정할 때, 어떤 일에 시간을 쓸지 결정할 때, 어떤 말을 하고 어떤 행동을 할지를 정할 때도 '내가 원하는 방향'에 따라 움직이는 것이다. 남들이 뭐라 하든, 내가 원하는 방식대로 꾸준히 실천해나가다 보면, 자연스럽게 '나는 나대로 잘살고 있다'라는 자기 신뢰가 생긴다. 그리고 그 신뢰는 외부 시선을 이겨내는 가장 큰 힘이 된다.

외부 시선을 끊기 위해선 '거리 두기'가 필요하다

SNS 사용을 줄이거나, 나를 불안하게 만드는 계정을 잠시 멀리하거나, 비교하게 만드는 환경을 의식적으로 피하는 것도 하나의 방법이다. 정보가 너무 많을수록 내 생각은 흐려진다. 적당한 거리감은 나에게 집중할 수 있는 여유를 만들어주고, 스스로와 연결된 삶을 살아가는 데 큰 도움이 된다.

나만의 기준을 기록하고, 삶에 반영하자

아침에 일어나면 내가 중요하게 생각하는 가치를 다시 떠올리고, 잠들기 전에는 그 가치를 오늘 하루 실천했는지 돌아보자. 일기, 루틴 노트, 마인드맵 등 어떤 형식이든 좋다. 중요한 건 내가 스스로의 삶을 '기록하고 인지하고 설계하고 있다는 사실'이다. 이것이 '남들이 어떻게 볼까?'라는 불안 대신 '나는 내 길을 잘 걷고 있다.'라는 안정감을 만들어준다.

남들이 가는 길을 따라가다 보면, 내 길은 보이지 않는다. 남들이 말하는 정답을 좇다 보면, 내 삶은 내 것이 아닌 듯 느껴진다. 하지만 외부 시선을 멈추고 나만의 길을 걸을 때, 비로소 '평균 이상의 삶'이 가능해진다. 그게 바로 나에게 딱 맞는 삶을 만들어가는 과정, 그 자체이기 때문이다. 흔들릴 수는 있다. 하지만 멈추지 않고, 매일 내가 설정한 기준에 더 가까운 선택을 하다 보면, 어느새 당신은 당신만의 길 위에 서 있게 될 것이다. 그리고 그 길이야말로, 세상 어디에도 없는 단 하나뿐인 당신만의 루트다.

PART 1 MINDSET

길을 잃을 때
다시 방향을 잡는 질문

살다 보면 누구나 한 번쯤은 길을 잃는다. 분명 열심히 살아왔고, 열정을 다해 걸어온 길인데, 어느 순간 '이게 맞는 길일까?'라는 질문이 머릿속을 맴돈다. 주변은 여전히 바쁘고, 사람들은 무언가를 이뤄가고 있는 것 같지만, 나만 멈춰 있는 것처럼 느껴질 때가 있다. 이전에는 분명 나아가고 있다고 믿었던 방향이, 이제는 희미해지고, 도무지 '왜 이 길을 가고 있는지' 조차 잊어버릴 때가 있다. 하지만 그런 순간이 오히려 인생의 큰 전환점이 될 수 있다. 단, 그 질문에 정면으로 마주하고, 스스로 다시 방향을 세워갈 수 있다면 말이다.

길을 잃었다고 느낄 때, 사람들은 두려움에 빠진다. "내가 뭔가 잘못된 선택을 한 걸까?"라는 불안과 자책이 밀려온다. 그래서 그 감정을 외면하려 하거나, 다른 사람의 길을 흉내 내거나, 아무 방향이나 다시 달리기 시작한다. 하지만 이럴수록 더 큰 혼란에 빠진다. 길을 잃었을 때 중요한 건 '속도'가 아니라 '정지'다. 멈추고, 나를 바라보고, 내 안의 목소리를 듣는 것. 그리고 그 과정에서 스스로에게 던져야 할 질문들이 있다.

나는 지금 어디쯤 와 있는가?

이것은 단순히 성취의 지표가 아니라, 감정의 위치를 묻는 질문이다. 지쳤는가? 무기력한가? 아니면 단지 변화가 필요한 시점인가? 내가 지금 어떤 상태에 있는지를 명확히 아는 것만으로도, 다음 방향은 달라진다. 감정이 신호다. 지금 불안하다면 왜 그런지, 멈춰 있고 싶다면 그 이유는 뭔지. 현재를 직면하는 질문이 곧 나의 방향을 알려줄 것이다.

나는 무엇을 할 때 가장 살아 있다고 느끼는가?

이 질문은 지금 내가 가야 할 방향을 알려준다. 돈을 벌 때보다 누군가와 깊은 대화를 나눌 때 더 충만함을 느낀다면, 사람과의 연결이 당신 삶의 중요한 키워드일 수 있다. 작은 일이라도 몰입하고 있을 때, 세상이 조용해지고 시간이 순식간에 지나간다면, 그 안에 당신이 찾고 있는 방향이 숨어 있다. 우리는 그동안 성취, 직업, 타이틀 중심으로 방향을 설정해왔지만, 사실 삶의 방향은 감정에서부터 비롯된다. 기쁨, 몰입, 감동, 성취감, 이런 감정이 자주 나타나는 지점을 추적하라.

나는 왜 이 일을 시작했는가?

길을 잃었다는 건, '이유'를 잊어버렸다는 뜻이다. 지금 하고 있는 일, 지금 가고 있는 길이 처음엔 어떤 마음에서 시작된 것이었는지 떠올려보자. 단순한 호기심이었는지, 누군가를 돕고 싶은 마음이었는지, 혹은 자신을 증명하고 싶은 욕망이었는지. 그 출발점을 기억해내면 다시 힘이 생긴다. 나의 방향은 언제나 '처음의 나'가 알고 있기 때문이다. 처음의 열정과 동기를 다시 붙잡는 것이, 흔들릴 때 중심을 잡는 핵심 전략이다.

나는 어떤 삶을 살고 싶은가?

지금 가는 길이 나를 어디로 데려갈 것 같은지, 그리고 그게 내가 진짜 원하는 나의 미래인지 자문해보자. 단기적인 목표나 사회적인 기준을 넘어서, 더 큰 시야에서 바라보는 삶의 그림. 혼자 조용히 생각할 시간, 공간, 그리고 솔직함만 있다면 누구나 답을 찾을 수 있다. 이 질문은 삶의 방향을 다시 세우는 데 결정적인 나침반이 된다. 그리고 나면 다시 어떤 결정을 내릴 수 있게 된다.

지금 이 순간, 내가 할 수 있는 작은 한 걸음은 무엇인가?

아무리 방향이 흐릿해도, 지금 여기에서 할 수 있는 일이 있다. 책을 한 장 읽는 것일 수도 있고, 오래 미뤄뒀던 글을 써보는 것일 수도 있다. 혹은 누군가에게 연락해 대화를 나누는 것일 수도 있다. 방향을 잃은 상태에서도, 우리는 '작은 한 걸음'을 통해 다시 리듬을 찾을 수 있다. 그 작은 행동이 생각보다 큰 움직임으로 이어진다.

방향을 잃었다고 해서 실패한 것도, 낙오한 것도 아니다. 오히려 그것은 당신이 더 깊이 있는 삶을 살아가고 있다는 증거다. 단순히 정해진 길을 따라가는 것이 아니라, 정말 자신에게 맞는 길을 찾고 있다는 뜻이기 때문이다. 삶의 방향은 고정된 정답이 아니다. 그때그때 내가 어디에 있는지, 어떤 감정인지, 어떤 것을 원하는지에 따라 달라질 수 있다. 중요한 건 방향을 잃을 수 있다는 것을 인정하고, 그럴 때마다 멈추어 다시 나에게 질문을 던지는 것이다.

우리는 지금보다 더 나은 방향으로 나아갈 수 있다. 속도가 아니라, 방향이 당신의 삶을 바꾼다. 길을 잃었다면, 그것은 새로운 방향으로 가라는 신호일 수 있다. 지금 그 질문을 던져라. "나는 어디로 가고 싶은가?" 그 질문에 진심으로 답할 수 있다면, 당신은 다시 길을 찾을 수 있을 것이다. 그리고 그 길은, 분명 당신만의 길이 될 것이다.

PART 1 MINDSET

왜 이 길을 걷고 있는가, 다시 물어보라

우리는 바쁘게 살아간다. 해야 할 일에 쫓기고, 정해진 루틴 속에서 하루하루를 반복하며 살아간다. 처음엔 이 길이 맞다고 믿었다. 나름의 꿈과 열정을 품고 시작했기에 그 선택이 틀렸다고 생각하지 않았다. 하지만 시간이 지날수록 어느 순간, 이런 질문이 문득 스친다. "나는 왜 이 길을 걷고 있는 걸까?" 처음에는 분명 '내가 좋아서'였고, '원하는 삶을 살기 위해서'였다. 그런데 지금은 그때의 마음이 희미해졌다. 해야 하니까 하고, 멈추면 불안하니까 계속 달리고, 모두가 가는 길이니까 따라가고 있을 뿐이다.

문제는 그렇게 살다 보면 '나의 이유'가 사라진다는 것이다. 어느 날 문득, 나는 나를 위해 살고 있는 게 아니라, 사회의 기준이나 남의 기대를 채우기 위해 살고 있다는 사실을 깨닫게 된다. 이럴 때 가장 먼저 해야 할 일은, 질문을 던지는 것이다. "나는 왜 이 일을 시작했지?", "지금 이 길이 나를 어디로 데려가고 있지?", "이 길이 정말 내가 원하는 삶으로 이어지고 있는 걸까?" 이 질문들은 단순해 보이지만, 삶의 중심을 다시 세우는 강력한 도구다.

우리는 삶에 방향이 필요하다고 말하지만, 사실 방향보다 더 중요한 것은 '이유'다. '왜'라는 이유가 분명할수록 어떤 선택이든 흔들리지 않을 수 있다.

하지만 사람들은 이 질문을 두려워한다. 솔직하게 마주했을 때, 지금 가고 있는 길이 진짜 내가 원하는 길이 아닐 수도 있기 때문이다. 그래서 외면하거나, 그냥 조금만 더 참자고 말하거나, '언젠가 괜찮아지겠지'하고 위로해버린다. 하지만 그렇게 미루면 미룰수록, 삶은 점점 '나의 길'이 아닌 '남의 길'이 되어간다.

한 번쯤은 멈춰야 한다. 하루를, 혹은 한 시간을 들여 조용히 자신에게 물어봐야 한다. "나는 지금 이 길을 왜 걷고 있는가?" 그리고 그 질문에 '나의 언어'로 답해보자. 누군가의 인정을 받기 위해서가 아니라, 진심으로 내가 원하는 무언가가 있어서 이 길을 선택했다면, 다시 힘을 낼 수 있다. 반대로, 단지 '그때는 그게 최선인 줄 알았기 때문에' 선택했던 길이라면, 지금이라도 다른 방향을 고민해볼 수 있다. 방향을 바꾸는 건 용기가 필요하다. 하지만 더 큰 용기는, 내가 가는 길을 다시 질문하는 일이다. 나의 에너지와 시간을 쏟고 있는 이 삶이 정말 나에게 의미 있는가? 이 길의 끝에 내가 원하는 삶이 기다리고 있는가? 그 질문에 솔직하게 대답할 수 있을 때, 비로소 우리는 '나의 삶'을 살게 된다.

그리고 하나 더. 삶의 이유는 단 한 번 정해지는 것이 아니다. 우리는 살아가면서 계속해서 그 이유를 수정하고, 확장해 나간다. 그러니까 너무 완벽한 답을 찾으려고 하지 않아도 된다. 지금의 내가 납득할 수 있는 이유면 충분하다. "나는 이 일을 통해 이런 기쁨을 느끼고 싶어서.", "나는 이 길을 통해 내 가능성을 실험하고 싶어서.", "나는 이 일을 하며 누군가에게 의미 있는 존재가 되고 싶어서." 그렇게 작더라도 나의 언어로 다시 이유를 말할 수 있다면, 그 길은 다시 '나의 길'이 된다.

이제 당신에게 다시 묻는다. "지금 이 길을 걷는 이유는 무엇인가?" 그 질문에 진심으로 답할 수 있을 때, 당신은 흔들리지 않는 나침반을 손에 넣게 될 것이다. 그리고 그 나침반은 앞으로 어떤 선택을 하든, 당신이 삶의 중심을 잃지 않도록 도와줄 것이다. 평범한 하루도, 반복되는 일상도, 그 안에 당신만의 이유가 있다면 더 이상 지루하거나 불안하지 않다. '왜'라는 질문은 결국, 삶의 방향을 다시 살리는 시작이 된다.

4장

'선택의 힘'을
내 편으로 만들어라

삶은 선택의 연속이다.
당신이 무엇을 선택하느냐가 당신을 만든다.

_ 존 맥스웰

우리는 하루에도 수많은 선택을 한다. 아침에 무엇을 먹을지부터, 오늘의 우선순위를 어떻게 정할지, 지금 이 일을 계속할 것인지, 아니면 새로운 걸 시도할 것인지. 문제는 대부분의 선택을 무의식적으로 하고 있다는 데 있다. '습관적으로', '그냥 그렇게', '다들 그렇게 하니까'. 그런데 정말 중요한 선택일수록 그렇게 하면 안 된다. 평균 이상의 삶을 살아가려면 자기만의 기준으로 선택하는 힘이 반드시 필요하다. 내가 선택에 확신이 없었던 시절, 나는 자주 흔들렸다. 누군가의 말에 쉽게 영향을 받고, SNS에서 누가 뭘 했다더라 하는 이야기에 갈팡질팡했다. 선택하고 나서도 "이게 맞는 걸까?"라는 질문이 머릿속을 떠나지 않았다. 하지만 점차 경험이 쌓이고, 실패도 하고, 후회도 하면서 하나씩 깨닫게 되었다.

PART · 1 · MINDSET

<u>나만의 선택 기준을
만들고 싶다면</u>

선택에는 기준이 있어야 흔들리지 않는다. 선택 기준은 '내가 중요하게 여기는 가치'에서 시작된다. 사람마다 삶에서 중요하게 생각하는 것이 다르다. 어떤 사람은 안정이 중요하고, 어떤 사람은 성장이나 자유, 혹은 창의성을 중요하게 여긴다. 문제는 내가 뭘 중요하게 여기는지도 모른 채 선택을 하려 한다는 점이다. 그러니 늘 흔들리고, 남의 말에 기웃거리게 되는 것이다.

선택 기준은 이렇게 정리할 수 있다

1. 나는 어떤 순간에 가장 충만함을 느끼는가?
2. 나에게 정말 중요한 가치는 무엇인가?
3. 어떤 선택이 내 삶의 방향과 더 맞는가?

선택 기준이 생기면, 감정에 휘둘리지 않는다. 살다 보면 누구나 감정에 따라 충동적인 결정을 내릴 수 있다. 하지만 기준이 있다면, 그 감정의 파도 위에서 중심을 잡을 수 있다. 예를 들어, "나는 지금 안정이 우선인 시기야."라는 기준이 있다면, 단기 수익이 크더라도 위험한 투자를 피할 수 있다. "나는 성장하는 삶을 살고 싶어."라는 기준이 있다면, 조금 불안해도 도전을 택할 수 있다.

선택 기준은 한 번 정한다고 끝나는 것이 아니다. 삶의 상황과 환경, 나이, 책임의 무게에 따라 기준도 변할 수 있다. 그래서 우리는 계속해서 스스로에게 물어야 한다. "나는 지금 어떤 기준으로 이 선택을 하고 있는가?" 이 질문만으로도 잘못된 선택을 줄일 수 있다. 기준 없는 선택은 늘 후회를 남긴다. 하지만 '기준이 있는 선택'은 내 의지로 한 결정이기 때문에, 그 결과가 실패하더라도 후회가 덜하다.

선택 기준을 만드는 실천 방법

1. 나만의 가치 리스트를 작성해보자

안정, 성장, 가족, 돈, 건강, 배움, 자유, 여유, 인정, 성취, 즐거움, 도전, 창의성 등 다양한 가치 중에서 내가 가장 중요하게 여기는 TOP3를 선택해본다. 그리고 중요한 결정을 내릴 때마다 그 가치를 기준으로 판단해보는 것이다.

예) '자유'를 중요하게 여기는 사람이라면, 조직 문화보다 유연한 시간 운영이 가능한 환경을 택할 수 있다.

2. 작은 선택부터 기준을 적용해본다
처음부터 인생을 바꾸는 큰 결정을 할 필요는 없다.

- ✓ 오늘 하루의 스케줄을 정할 때
- ✓ 새로운 일을 맡을지 말지 고민할 때
- ✓ 돈을 쓸지, 참을지 결정할 때

이럴 때마다 "내가 중요하게 여기는 가치에 부합하는가?"라는 질문을 해보자. 이 반복이 기준을 몸에 익히는 연습이 된다. 결국, 기준은 삶의 방향을 결정한다. 기준이 없으면 결국 외부 환경에 따라, 타인의 말에 따라 이리저리 흔들리게 된다.

반면, 기준이 생기면 내가 선택의 주도권을 가진다. 그리고 그 기준은 내가 어떤 삶을 원하는지, 어떤 사람이 되고 싶은지를 스스로 정의할 수 있게 해준다. 결국, 기준이 있는 선택을 하는 사람은 '선택을 하는 사람'이고, 기준 없이 흘러가는 사람은 '선택당하는 사람'이다. 평균 이상의 삶을 사는 사람들은 남들보다 훨씬 더 많이 선택하고, 더 분명하게 결정한다. 그리고 그들은 대부분, 선택을 위한 자기 기준이 분명한 사람들이다. 나도 그렇고, 당신도 그렇다. 기준은 누구나 만들 수 있다. 당신 안의 '중요한 것들'에 귀를 기울이는 순간부터, 당신은 당신 삶의 방향타를 직접 쥐게 될 것이다.

PART 1 MINDSET

망설임에서 벗어나는
결단 훈련

선택의 순간, 우리는 늘 망설인다.

"이게 맞을까?"
"혹시 실패하면 어떡하지?"
"다른 길이 더 나은 건 아닐까?"

그러면서도 시간을 흘려보낸다. 결국, 아무것도 하지 못한 채 기회는 사라진다. 망설임은 나쁜 감정이 아니다. 중요한 선택일수록 망설이는 건 당연하다. 하지만 망설임에 머무는 시간이 너무 길어지면, 기회는 내 앞을 지나쳐버린다. 평균 이상의 삶을 사는 사람들은 망설이지 않는 사람이 아니다. 그들은 망설이더라도 '결국은 움직이는 사람'이다. 망설임을 끝내고 결단하는 힘은 타고나는 게 아니라, 훈련할 수 있다.

망설임의 정체를 정확히 파악하라

망설이는 이유는 다양하다. 실패에 대한 두려움, 남의 시선, 자신감 부족, 혹은 정보 부족.
중요한 건 '지금 나는 왜 망설이고 있는가'를 정확히 인식하는 것이다.
예) "나는 지금 다른 사람의 평가가 두려워서 망설이는구나."
이렇게 인식하면, 그 감정을 잠시 내려놓고 본질에 집중할 수 있다.
망설임은 뿌리를 찾아야 줄어든다.

완벽한 확신이 오기를 기다리지 마라

결정적인 오답은 100% 확신이 생긴 후에 움직이겠다는 태도다.
대부분의 선택은 60~70%의 확신으로 시작해, 나머지는 실행 속에서 채워진다. 결국, 해보기 전엔 모른다. 시작해봐야 확신도, 방향도 생긴다. 결정을 미루는 시간은 문제를 해결하지 않는다. 불안해도, 준비가 다 되지 않아도 '움직이는 결심'이 더 중요하다.

결단력을 키우는 환경을 만들어라

결단은 의지력 하나로만 유지되지 않는다. 고민을 오래 끌어본다고 더 좋은 결정을 하는 것도 아니다. 오히려 계속 머뭇거릴수록 마음은 더 복잡해진다. 그래서 작은 실천 루틴을 만들어야 한다.

결단력을 키우는 실천 팁

1. 선택을 3초 안에 말로 정리해보기
예) "나는 이걸 하기로 했다. 내가 원하는 삶과 더 가까우니까."

2. A4 용지에 찬반 리스트가 아닌 '나에게 중요한 것과의 연결성'을 적어 보기

3. 고민이 반복되면 '지금 내가 어떤 감정 때문에 결정하지 못하는가?'를 써보기

4. 하루 10분, '선택을 미루고 있는 일' 리스트를 정리한 뒤 하나라도 실행하기

5. 실패하더라도 나를 믿는 훈련하기
사람들이 결정을 내리기 힘든 이유는 실패에 대한 두려움 때문이다. 하지만 진짜 두려운 건 실패 자체가 아니라, 실패했을 때 나를 믿지 못하는 감정이다. 실패해도 다시 시작할 수 있다는 믿음을 갖는 순간, 결단은 훨씬

쉬워진다. 그리고 이 믿음은 실행을 통해서만 쌓인다. 작은 도전에서 오는 성취, 혹은 실패를 복구해낸 경험이 결국 결단력을 단단하게 만든다. 한 번의 결정이 틀려도 괜찮다. 방향은 언제든 수정할 수 있다. 중요한 건, 움직일 수 있는 용기다.

6. 선택의 후회를 줄이려면 기준을 반복하기

결정을 내린 후 불안하거나 후회가 생길 때가 있다. 이럴 때는 다시 선택의 기준으로 돌아가야 한다. '나는 왜 이 선택을 했는가?'에 대한 기준이 분명하다면, 결과가 기대에 못 미치더라도 자신을 지킬 수 있다. 나는 생각한 가치에 따라 선택했고, 그 과정에서 최선을 다했다는 마음은 우리를 후회가 아닌 성장으로 이끈다.

결단력이 있는 사람은 특별한 사람이 아니다. 그들은 '지금 당장 할 수 있는 선택부터 실행하는 사람'일 뿐이다. 선택은 타이밍이다. 망설임을 줄이고, 기준에 따라 결단하고, 그 결정을 신뢰하라. 당신의 다음 선택이 인생의 방향을 바꿀 수도 있다. 그러니 오늘, '작은 결단 하나'부터 시작해보자. 고민을 줄이고, 선택을 구체화하고, 행동으로 옮기는 것. 그것이 곧 당신을 평균 이상의 삶으로 데려다줄 것이다.

PART · 1 · MINDSET

감정은 지나가지만 기준은 남는다

어떤 날은 아주 사소한 선택에서부터, 인생의 방향을 바꾸는 중대한 결정까지 내려야 한다. 그런데 그 수많은 선택 중에, 우리가 진짜 '기준'을 가지고 결정하는 순간은 얼마나 될까? 솔직히 대부분은 기분 따라 움직인다. 감정에 올라탄 상태에서 '이게 맞는 결정인가?'를 깊이 따져보지 않는다. 피곤하니까 그만두고 싶고, 불안하니까 결단을 미루고, 기분이 좋으니까 덜컥 시작해버린다. 그 결과, 지나고 나면 후회하거나, 중간에 포기하거나, 엉뚱한 방향으로 가게 되는 것이다. 중요한 건 선택 자체보다, 어떤 기준으로 선택했는가이다. 기준이 없는 사람은 늘 감정에 휘둘린다.

그날의 기분, 주변의 눈치, 주변 사람들이 해온 방식, 불안감이나 기대감, 온갖 요소들이 뒤섞여 내리는 즉흥적 판단. 그리고 그런 판단은 대부분 '지속 가능성'이 없다. 왜냐면 그 선택은 진짜 내가 원하는 삶의 기준에서 비롯된 것이 아니기 때문이다.

감정은 흐르고 사라지지만, 기준은 나를 지켜준다

예를 들어, 회사를 그만두고 싶은 날이 있다. 정말 지긋지긋하고, 더는 못 버틸 것 같고, 모든 걸 내려놓고 싶다. 그럴 땐 감정이 모든 걸 덮는다. "지금이라도 때려치우는 게 맞는 것 같아."라고 확신하게 된다. 그런데, 며칠만 지나도 그 감정은 사라진다. 시간이 지나면 감정은 흐릿해지고, 새로운 감정이 올라온다. "이직 준비는 어떻게 하지?", "당장 돈은 어떻게 메우지?" 그리고 나면, 그날의 선택이 감정적인 실수였다는 걸 깨닫게 된다. 그러니 감정이 격해질 때는 결정이 아니라 '기록'을 해야 한다. 그리고 진짜 결정을 내릴 때는, 내가 미리 세워놓은 기준에 따라 움직여야 한다.

선택의 전제조건은 '내 감정 상태를 인지하는 것'이다

우리가 왜 그 선택을 했는지는 대부분 시간이 지난 후에야 보인다. 그래서 선택의 순간, 가장 먼저 해야 할 질문은 이것이다.

"나는 지금 어떤 감정 상태에 있지?"

지쳤는지, 외로운지, 불안한지, 조급한지… 이 감정은 선택을 왜곡한다. 감정은 거짓말을 하지 않지만, '과장'한다. 그래서 감정과 선택을 분리하기 위한 연습이 필요하다. 감정은 존중하되, 감정으로 움직이지 않기. 내가 어떤 감정일 때 어떤 선택을 반복하는지를 관찰하는 습관이 필요하다.

나만의 '선택 기준 리스트'를 만들어두라

선택 기준이 없으면 매번 '맞는지 아닌지'를 고민하느라 지친다. 기준이 있는 사람은 고민의 길이가 짧고, 선택의 속도는 빠르다. 예를 들어 이런 기준이 있다면 어떨까.

1. 내가 성장할 수 있는가?
2. 3년 뒤의 나에게 도움이 되는 결정인가?
3. 내가 책임질 수 있는 선택인가?

이런 기준은 나에게 꼭 맞는 옷처럼, 점점 더 정확해진다. 처음에는 어설프지만, 몇 번의 선택을 통해 내 삶의 원칙이 정리된다. 그리고 이 기준은 나를 흔들리는 순간마다 붙잡아준다.

감정이 심할 때는 선택을 유보하고 '생각을 정리하는 시간'을 가져라

선택을 급하게 내릴수록 실패할 확률도 높다. 특히 감정이 클수록 결정도 크고, 극단적인 방향으로 흘러가기 쉽다. 감정이 클 때는 '감정 정리 타임'을 먼저 갖는 것이 안전하다. 산책을 하거나, 글을 써보거나, 친구에게 말로 풀어보거나, 혼자 조용한 시간을 갖는 것.

이런 루틴은 감정을 가라앉히고, 선택을 선명하게 만든다. 감정을 처리한 뒤 내리는 선택은 훨씬 명료하고 강하다.

기준으로 결정한 선택은 후회가 적다

우리는 때때로 후회한다. "내가 왜 그때 그렇게 했을까…." 하지만 그 선택이 내 기준에 따른 것이라면 후회의 감정은 짧고, 자존감은 유지된다. 반면, 감정에 휘둘린 결정은 후회뿐 아니라 자기 부정으로 이어진다. 기준으로 정한 선택은 스스로를 믿을 수 있게 한다. 내가 나를 컨트롤할 수 있는 힘. 이게 진짜 '내 인생의 주인'이 되는 출발점이다.

선택과 감정은 반복되기 때문에 기준도 반복해야 한다

우리는 끊임없이 선택한다. 오늘 점심도, 내일의 약속도, 1년 후의 계획도. 그리고 감정도 계속 올라온다. 지루함, 불안, 외로움, 기대감, 질투. 이 모든 게 선택에 개입한다. 그래서 기준도 끊임없이 상기해야 한다. 매달 한 번씩, 내가 세운 기준을 다시 생각해보자. 내가 지금도 그 기준을 따르고 있는지 점검하자. 이 반복이 나를 더 단단하게 만든다. 선택의 순간마다 기준을 붙잡는 사람, 기준에 따라 움직이고 기준에 따라 멈출 수 있는 사람. 바로 그런 사람이 흔들리지 않는 삶을 만든다. 그리고 그 기준은, 누구도 아닌 내가 만들어야 한다. 지금, 나만의 선택 기준을 만들어보자.

PART · 1 · MINDSET

지속 가능한 선택을 위한 나만의 루틴

'선택'이라는 단어는 그 자체로 무게가 있다. 우리는 하루에도 수십 번의 선택을 하며 살아간다. 사소한 메뉴 고르기부터 커리어를 바꾸는 결정까지, 우리는 더 나은 방향으로, 더 나은 결과로 이어질 수 있는 좋은 선택을 하기를 원한다. 하지만 실제로 선택의 순간에 우리는 종종 흔들린다. 감정에 따라 바뀌고, 피로하거나 불안할 때는 평소와는 전혀 다른 결정을 하기도 한다. 선택을 후회하게 되는 이유는 순간의 기분이나 타인의 시선에 흔들렸기 때문이다. 반면 후회 없는 선택은 내가 미리 세운 기준과 방향에 따라 실천한 결과다. 앞서 우리는 나만의 기준을 만드는 방법, 감정이 아닌 기준을 따르는 선택법, 망설임을 줄이는 전략에 대해 이야기했다. 여기까지 온 독자라면 이제 선택의 중요성은 충분히 공감할 것이다. 그렇다면 질문을 바꿔보자.

"좋은 선택을 단 한 번으로 끝내지 않으려면 어떻게 해야 할까?"

답은 간단하다. 루틴으로 만드는 것이다. 지속 가능한 선택은 습관이 되어야 유지된다. 루틴은 선택을 반복 가능한 구조로 만드는 도구다. 좋은 루틴이 없으면 아무리 훌륭한 선택을 해도 오래가지 못한다. 예를 들어, 건강을 위해 운동하겠다는 선택이 있었다면, 그것을 매일 같은 시간에 실천할 수 있는 루틴으로 바꿔야 한다. 공부를 시작하겠다는 다짐 역시 정해진 시간과 장소, 방식으로 구체화하지 않으면 작심삼일로 끝난다. 인생을 바꾸는 것은 한 번의 선택이 아니라, 그 선택을 반복하게 만드는 시스템이다. 루틴은 우리를 실천하게 하고, 실천은 우리를 변화시킨다.

  나는 이 루틴이 가진 힘을 믿는다. 루틴은 나를 믿고 따라갈 수 있는 길을 만들어준다. 바쁠 때도, 지쳤을 때도, 루틴이 있으면 방향을 잃지 않는다. 어떤 사람은 선택을 잘하려 애쓰지만, 나는 선택을 '루틴화'하는 데 더 집중한다. 그래야 덜 흔들리고, 더 오래 지속할 수 있기 때문이다. 예를 들어 나는 '하루 10분 독서'라는 루틴을 만든 뒤, 더 이상 책을 읽을지 말지 고민하지 않는다. 그건 내게 선택이 아니라 자동화된 습관이다. 운동도 마찬가지다. 아침에 스트레칭과 짧은 걷기 운동을 루틴으로 만들고 나니, 더 이상 "오늘은 할까 말까."라는 고민을 하지 않게 되었다.

  중요한 건 강도나 결과가 아니다. 지속 가능성이다. 작은 루틴을 꾸준히 지켜내는 사람만이 결국 평균 이상을 만든다. 선택은 일회성이다. 하지만 루틴은 삶을 설계하는 전략이다. 우리가 진짜 원하는 삶을 살기 위해서는, 한 번의 용기 있는 선택보다 매일의 작고 꾸준한 선택이 필요하다. 지금까지의 모든 장들이 선택의 과정을 위한 준비였다면, 이제는 그것을 삶의 습관으로 녹여내야 할 시점이다. 좋은 루틴은 좋은 선택을 반복하게 하고, 그것이 결국 평균 이상의 삶을 만든다. 더 이상 감정에 휘둘리는 삶이 아니라, 방향이 있는 삶을 살고 싶다면 '루틴 설계'에 집중하자. 우리는 하루를 설계할 수 있을 때, 비로소 인생도 설계할 수 있다. 성공하는 사람들은 무엇이 다른가? 바로, '매일 무엇을 하느냐'가 다르다. 우리는 이제 평균 이상의 삶을 만드는 실행으로 들어간다. 일상을 다르게 사는 사람들의 공통점, 에너지를 유지하는 비결, 지치지 않고 꾸준히 나아가는 실천법. 이제 그것을 하나씩 마주할 시간이다.

2부 빠른 실행

신중히 설계하고 바로 행동하라

- 5장 20대라면 더 탄탄한 미래를 위한 30대 계획
- 6장 30대라면 평균 이상의 40대를 위한 자기관리 전략
- 7장 40대라면 도전하라, 실행이 당신을 바꾼다
- 8장 일상 속 작은 행복을 실천하라

계획만 세우고 움직이지 않는다면 아무것도 달라지지 않는다. 반대로 무작정 실행하다가 번아웃을 겪는 경우도 흔하다. 실행이란, 생각을 끝내고 현실로 옮기는 일이다. 이 부에서는 20대부터 40대까지, 각 시기마다 필요한 실행 전략과 자기관리를 소개한다.

지금 당신이 어디에 있든, 삶은 '작은 시작'으로부터 새롭게 만들어질 수 있다. 한 발짝을 뗀 사람만이 다음 풍경을 만날 수 있으니까.

5장

20대라면
더 탄탄한 미래를 위한 30대 계획

방향 없는 속도는 아무 의미가 없다.
젊을수록 방향을 먼저 잡아야 한다.

_ 브라이언 트레이시

20대는 마치 달리는 기차 같았다. 방향보다는 속도에 집중했고, 주변을 둘러볼 여유도 없이 지금 뭔가 하고 있다는 사실 자체로 안도하며 달려왔다. 도전도 했고, 실수도 했고, 후회도 남았지만 그 모든 순간들은 결국 지금의 나를 만든 재료들이 되었다. 그런데 문제는 그 모든 재료를 아무렇게나 흩어 놓은 채 살아간다는 데 있다. 이제는 흩어진 조각들을 하나하나 다시 꺼내보고 정리할 때다. 왜냐하면 20대는 가능성보다 방향이 중요한 시기이기 때문이다. 20대에는 뭐든 해볼 수 있고, 30대부터는 '무엇을 계속할 것인가'를 선택해야 한다. 내가 잘했던 것, 좋아했던 것, 실패했지만 배움이 컸던 것들을 정리해야만 앞으로의 나침반을 제대로 설정할 수 있다.

PART·2·QUICK·RUN

20대의 경험을 정리하는 로드맵 그리기

그래서 나는 제안하고 싶다. '경험 로드맵'을 그려보자. 단순한 기록이 아니라, 나의 선택과 행동, 그로 인해 얻게 된 감정과 결과를 시각적으로 정리하는 것이다. 방법은 다음과 같다.

1. 시간의 흐름대로 인생의 구간을 나눈다

A4 용지 한 장을 가로로 두고, 왼쪽부터 오른쪽까지 시간순으로 주요 시기를 나눈다. 예를 들어 '대학교 1, 2학년', '3, 4학년', '졸업 후 첫 직장', '이직 혹은 공백기'처럼 구간을 설정한다. 연도 기준으로 나눠도 좋고, 삶의 사건 단위로 나눠도 괜찮다.

2. 각 구간마다 활동과 감정을 적는다

각 시기마다 어떤 경험을 했는지 구체적으로 적는다. 인턴, 대외활동, 자격증 공부, 여행, 연애, 창업, 휴식 등 무엇이든 좋다. 중요한 것은 '그 일이 나에게 어떤 감정을 줬는가'이다. 즐거웠는지, 버거웠는지, 성취감을 느꼈는지, 좌절했는지 솔직하게 적는다.

3. 그 경험에서 배운 점이나 느낀 점을 정리한다

예를 들어 '단기 프로젝트보다 장기적인 과제가 더 몰입된다.', '반복적인 일에는 지루함을 느낀다.', '혼자보다 팀과 함께할 때 역량이 살아난다.'처럼 인사이트를 메모한다.

4. 공통된 감정이나 패턴을 묶는다

이렇게 정리하다 보면, 나에게 맞는 일의 스타일이나 환경, 좋아하는 영역이 보이기 시작한다. 이게 바로 자신을 이해하는 시작점이다.

5. 지금의 나에게 중요한 키워드를 뽑는다

반복적으로 드러난 감정과 강점을 바탕으로 '창의성', '자율성', '기획력', '사람과의 연결', '변화 추구' 같은 키워드를 정리해본다. 이 키워드가 앞으로 당신이 방향을 설정할 때 중요한 나침반이 된다.

6. 미래의 나를 위한 다음 도전을 적는다

"나는 앞으로 ○○한 분야에 더 깊이 들어가 보고 싶다.", "이런 환경에서 일할 때 내가 살아난다.", "다음 1년 동안 ○○을 실천해보겠다."와 같이 구체적인 목표나 방향을 써본다.

중요한 건 완벽한 계획이 아니라, 지금의 나를 이해하고 그 위에 작은 방향을 그리는 것이다. 20대의 경험은 단지 지나간 과거가 아니다. 그것은 오늘의 나를 만든 자산이고, 내일의 나를 설계할 재료다. 이 재료들을 흩뿌려

놓은 채 또 다른 10년을 시작한다면, 우리는 또 같은 불안과 혼란을 반복하게 될 것이다. 지금 당신의 경험을 꺼내 정리하고, 그 안에서 방향을 찾아야 한다. 나는 그렇게 했다. 그리고 그 작은 습관이, 내 30대를 바꾸고 있다. 당신도 할 수 있다. 오늘, 당신의 20대를 펼쳐보고 '어떤 삶이 나다운 삶인지' 질문해보자. 그 안에서 반드시 다음 10년의 길이 보일 것이다.

PART 2 · QUICK RUN

지금 이 선택이
10년 후 나를 만든다

지금의 선택이 사소해 보일지 몰라도, 10년 뒤 인생을 완전히 바꿔놓을 수 있다. 사람들은 미래를 막연히 걱정하지만, 정작 오늘 어떤 선택을 하느냐에는 둔감하다. 하지만 중요한 건 거대한 목표가 아니라, 매일의 작은 선택이다. 내가 무엇을 배우기로 했는지, 어떤 사람을 만났는지, 어떤 일에 'Yes'를 했고 어떤 일에 'No'를 했는지가 결국 미래를 만든다. 내 20대에는 두 가지의 길이 눈앞에 있었다. 하나는 안정적인 기업 입사였고, 하나는 불확실한 창업이었다. 모두가 전자를 추천했다. 하지만 나는 스스로에게 물었다. "10년 후, 어떤 삶을 살고 싶지?" 그때 내 머릿속에는 누구 밑에서 지시받는 삶보다, 내가 스스로 무언가를 만들어가고 있는 모습이 더 생생하게 떠올랐다. 그래서 나는 두려움을 안고 창업을 택했다. 그리고 지금의 나는 그 선택이, 인생을 바꾼 결정이었다고 확신한다.

당신도 지금 어떤 선택 앞에 서 있다면, 오늘의 편안함보다 10년 뒤의 자부심을 먼저 생각해보길 바란다. 하루하루는 짧지만, 그 하루들이 모이면 10년이 된다. 지금의 행동이 계속 반복된다면, 10년 후의 나는 어떤 모습일까? 지금과 똑같이 고민만 하며 하루를 보낸다면, 10년 후에도 같은 질문을 하고 있지 않을까? 오늘의 나는 어떤가? 어떤 사람과 시간을 보내고 있는가? 무의식적으로 넘긴 유튜브, 미루고 있는 책, 시도하지 못한 도전. 이 모든 것이 당신의 미래를 만든다. 우리는 지금, 매 순간 인생의 방향을 결정하고 있다. 하루의 루틴, 작은 습관, 우연히 보게 된 콘텐츠 하나까지도 당신의 생각을 만들고, 생각은 행동이 되고, 행동은 결국 인생을 만든다. 그러니 질문해보자.

"지금의 나는 어떤 미래를 향해 가고 있는가?"
"이 선택이 반복된다면, 10년 뒤 나는 어디에 있을까?"

그리고 그 답이 불안하거나 만족스럽지 않다면, 지금 바꿔야 한다. 거창한 계획보다 작은 결심 하나면 충분하다. 10분 더 책을 읽는 것, 아침에 30분 일찍 일어나는 것, 관심 있던 모임에 한 번 나가보는 것. 이 작은 선택들이, 지금의 나를 한 걸음 옮기게 만든다. 평균 이상의 삶은 결과가 아니다. 방향 있는 선택이 누적된 결과다. 누군가는 안정적인 길을 걸었고, 누군가는 도전을 택했다. 결국 10년 뒤의 모습은 매일의 태도에서 시작됐다. 그러니 오늘도 작은 용기를 내보자. 내 인생의 주도권을 다른 누군가에게 넘기지 말고, 나 스스로 결정하자. "이건 내가 선택한 삶이야." 그렇게 말할 수 있다면, 당신은 이미 평균 이상의 삶을 살고 있는 중이다.

PART 2 · QUICK RUN

더 나은 30대를 위해
점검해야 할 3가지

20대가 가능성을 넓히는 시기였다면, 30대는 그 많은 가능성 중에서 나만의 길을 선택해 집중해야 하는 시기다. 아무 방향이나 계속 달리기에는 체력도, 시간도, 여유도 줄어든다. 이제는 어디로 갈 것인지, 무엇을 지키고 무엇을 내려놓을지를 고민해야 할 시점이다. 그래서 더 나은 30대를 위해 반드시 점검해야 할 세 가지가 있다. 단순히 '해야 할 일'이 아니라, 앞으로의 10년을 좌우할 삶의 기반이다. 지금 이 세 가지를 돌아보는 것만으로도, 앞으로의 방향은 완전히 달라질 수 있다.

나는 지금 경제적으로 얼마나 자유로운가?

20대 때는 단기 아르바이트나 생활비 수준의 수입만 있더라도 그럭저럭 괜찮다고 생각할 수 있다. 하지만 30대가 되면 상황은 완전히 달라진다. 나의 수입은 단순히 '먹고 사는 문제'를 벗어나, '선택할 수 있는 자유'를 좌우하는 중요한 요소가 된다. 고정 지출은 늘고, 책임질 일도 많아진다. 내 수

입으로는 감당이 어려운 갑작스러운 지출이나 위기가 찾아왔을 때, 나는 그것을 받아들일 수 있는 준비가 되어 있는가? 경제적 자유는 단순히 통장에 있는 숫자가 아니다. 그것은 돈을 다루는 태도에서 시작된다. 지금 돈을 어떻게 벌고, 어떻게 쓰고, 어떻게 모으고 있는지를 점검해보자. 예산을 짜는 습관이 있는가? 수입과 지출을 주기적으로 체크하고 있는가? 매달 고정적으로 나가는 지출이 불필요하게 많지는 않은가? 지금의 돈 관리 방식이 5년 후의 나를 괴롭게 할 수도 있고, 반대로 지금의 작은 절약이 나중에 큰 선택의 자유를 줄 수도 있다. 돈이 인생의 전부는 아니지만, 돈이 없으면 하고 싶은 일을 선택할 수 없게 되는 건 분명하다. 지금의 삶을 안정적으로 유지하기 위해서, 그리고 미래에 내가 원하는 삶을 선택할 수 있는 자유를 얻기 위해서, 경제적 기반은 반드시 정리되어야 한다.

나는 몸과 마음을 잘 관리하고 있는가?

30대에 들어서면 몸이 보내는 신호가 달라진다. 이전엔 밤을 새워도 다음 날 멀쩡하게 버틸 수 있었고, 몸이 조금 아파도 며칠이면 나았다. 하지만 이제는 다르다. 피로가 회복되지 않고, 작은 무리에도 컨디션이 무너진다. 문제는 단순히 체력이 떨어진다는 것이 아니라, 피로를 무시하는 '무감각'이 누적된다는 데 있다. 건강은 무너지기 전까진 그 소중함을 깨닫지 못한다. 그러다 어느 날, 이전처럼 움직이지 않는 몸을 보며 당황하게 된다. 그래서 지금부터의 건강 관리는 단순한 운동이 아니라, 인생 전략이다. 하루에 단 10분이라도 몸을 움직이고, 매끼 식사의 질을 점검하고, 수면의 질을 높이며, 정기적인 건강 검진을 받는 루틴을 만들어야 한다. 마음의 건강도 마찬가지다. 감정 조절이 잘 되지 않거나, 늘 피곤하고 무기력하다면, 이미 마음이 신호를 보내고 있는 것이다. 스트레스를 인식하고 풀어주는 방법을 알아야 한다. 억지로 참거나 외면하는 방식은 나중에 더 큰 부작용으로 돌아온다. 삶을 제대로 즐기고 도전할 수 있으려면, 가장 먼저 지켜야 할 자산이 바로 '몸과 마음'이다. 지금의 나는 평생 건강을 유지할 수 있는 루틴을 만들고 있는가? 아니면 그저 버티고만 있는가?

나는 지금 배우고 있는가?

30대는 많은 사람들이 '배움'을 멈추는 시기다. 일을 시작하면서 더는 공부할 시간이 없다고 말한다. 하지만 진짜 위험한 것은 시간이 아니라 '의지의 중단'이다. 세상은 끊임없이 변화하고 있고, 기술은 하루가 다르게 발전하며, 사회의 요구도 점점 달라지고 있다. 그런 시대에 멈춰 있는 사람은 점점 뒤처질 수밖에 없다. 배움은 꼭 책상 앞에서만 하는 것이 아니다. 좋아하는 분야의 콘텐츠를 꾸준히 소비하거나, 관심 있는 주제에 대해 논해보거나, 삶의 태도와 감정을 반추하는 것도 모두 배움이다. 특히 30대는 배움을 통해 삶의 질을 한 단계 높일 수 있는 시기다. 이전까지의 경험이 쌓인 만큼, 이제는 그 경험 위에 지식과 통찰을 얹을 수 있다. 새로운 기술을 배워 경력을 확장하거나, 관계와 커뮤니케이션에 대해 공부하면서 인간관계를 더 풍성하게 만들 수도 있다. 배움을 멈춘 사람은 자신이 정체되고 있다는 사실을 가장 늦게 깨닫는다. 반면, 꾸준히 배우는 사람은 점점 더 나답게 살 수 있는 길을 만든다. 당신은 지금 어떤 주제를 배우고 있는가? 내 삶을 확장시켜 줄 지식이나 기술을 찾고 있는가? 작게라도 배우고 있는 사람이 결국 크게 도약할 수 있다.

이 세 가지는 삶의 기반이자, 도전의 출발점이다. 돈, 건강, 배움. 이 세 가지를 점검하고 정리해두면, 그 위에 무엇이든 쌓을 수 있다. 반대로 이 세 가지가 흔들리면, 아무리 도전하고 싶어도 마음만 앞설 뿐 실행할 수 없다. 40대를 기대할 수 있는 사람은, 이 토대를 30대에 다져놓은 사람이다. 그래서 지금의 선택이 중요하다. 매일 반복되는 일상 속에서 무의식적으로 살아가지 말고, 내가 진짜 중요하게 생각하는 것들을 중심으로 삶을 재정비하자. 나 자신을 위해 시간을 쓰고, 돈을 배우고, 감정을 돌보고, 지식을 확장하는 노력을 계속하자. 이 세 가지를 스스로 점검하고 다듬는 사람이 결국 평균 이상의 삶을 살아간다. 멀리 있는 거대한 목표보다, 가까이에 있는 기본기를 다지는 것. 그것이야말로 나의 미래를 위한 최고의 전략이다.

PART 2 QUICK RUN

준비됐다면,
이제 움직여라

나에 대한 점검이 끝났다면, 이제는 움직일 차례다. 경제, 건강, 배움. 이 세 가지는 그 자체로도 중요하지만, 결국 무언가를 해보기 위한 기반이다. 점검은 '출발선'이지, 도착지가 아니다. 아무리 계획이 완벽해도 실행이 없으면 아무 일도 일어나지 않는다. 우리는 종종 "좀 더 준비되면 시작해야지."라는 말로 스스로를 위로한다. 하지만 그 '준비'는 끝나지 않는다. '계획'이라는 이름으로 미루고, '준비 중'이라는 핑계로 멈춘 채 살아간다. 준비가 아무리 길어져도, 행동하지 않으면 현실은 바뀌지 않는다. 당신이 지금 할 일은 '완벽한 준비'가 아니라 '충분한 준비' 이후의 '작은 실행'이다. 그리고 그 작은 실행이 모든 변화를 일으키는 첫 단추가 된다. 사람들은 말한다.

"지금은 때가 아니야."

"좀 더 배우고 시작해야지."

"이건 나중에 해도 늦지 않아."

하지만 실제로 삶을 바꾸는 사람들은 타이밍을 기다리지 않는다. 그들은 다 준비되지 않았지만, '그럼에도 불구하고' 시작했다. 도전은 늘 미완성의 상태에서 출발한다. 우리는 경험이 부족해도, 확신이 없어도, 완벽하지 않아도 움직여야 한다. 그게 바로 30대의 용기다. 행동은 삶을 바꾸는 가장 빠르고 유일한 방법이다. 그리고 실행에는 반드시 타이밍이 있다. 지금 이 글을 읽고 있는 당신이 '무언가 해보고 싶은 마음'을 느꼈다면, 그게 바로 시작해야 할 타이밍이다. 앞에서 우리는 스스로를 점검했다. 경제적으로 얼마나 자유로운가? 몸과 마음은 얼마나 잘 관리되고 있는가? 나는 요즘 배우고 있는가? 이 질문에 'Yes'라고 대답할 수 없다면, 지금부터 조금씩 바꿔가면 된다.

그리고 어느 정도 토대가 다져졌다면, 이제는 한 걸음 나아갈 때다. 아무리 사소한 일이더라도 괜찮다. 당신이 지금 할 수 있는 것, 당장 오늘 시작할 수 있는 것부터 해보자. 관심 있는 분야의 책을 한 권 사서 10페이지만 읽어보는 것, 온라인 강의에 신청하고 1강만 들어보는 것, 블로그나 SNS에 당신의 관심사를 한 줄만 적어보는 것, 하고 싶은 일의 리스트를 써보고 '그중 가장 간단한 것'을 먼저 해보는 것. 그렇게 작고 사소한 한 발이, 미뤄진 모든 것의 시작이 된다. 시작은 대단할 필요가 없다. 중요한 건 지금의 나보다 단 1%라도 앞으로 나아가려는 마음이다. 변화는 한순간에 찾아오지 않는다. 매일 1도씩 다른 방향으로 걷는 사람이, 결국 전혀 다른 목적지에 도달하는 것이다.

당신은 생각보다 훨씬 많은 걸 준비해왔다. 문제는 그것을 밖으로 꺼내 쓸 타이밍을 놓치고 있다는 점이다. 더 이상 준비만 하지 말자. 실행은 부족한 준비를 채워주는 가장 강력한 방법이다. 우리는 살아오며 수없이 많은 조언을 들어왔다.

"기회는 준비된 자에게 온다."
"도전하는 자만이 인생을 바꾼다."
"그냥 시작해봐."

이제는 그 말을 당신 스스로 입 밖에 낼 시간이다.

"나는 준비됐다."
"이제는 움직일 차례다."

그렇게 말하는 순간, 당신은 단순한 준비 상태에서 행동하는 사람으로 전환된다. 준비하는 사람은 불안을 줄일 수는 있지만, 실행하는 사람만이 결과를 바꾼다. 그 말이 선포가 되고, 그 선포가 행동으로 이어질 때 당신의 인생은 1도씩 다른 방향으로 움직이기 시작한다. 그리고 몇 년 뒤, 지금 이 자리에서 한 걸음 내디딘 당신은 전혀 다른 곳에 도착해 있는 자신을 발견하게 될 것이다.

6장

30대라면
평균 이상의 40대를 위한 자기관리 전략

인생은 30대부터 진짜 시작된다.
다만, 준비한 사람에게만.

_ 로버트 기요사키

막연하게 돈을 잘 벌고 싶다는 생각은 나에게 늘 있었지만, 이제는 조금씩 바뀌고 있다. 예전에는 단순히 통장 잔고를 채우는 데만 집중했다면, 지금은 이렇게 생각한다. "돈을 잘 쓰는 사람이 되고 싶다." 이 말은 꼭 명품을 산다거나 소비를 아끼지 않겠다는 뜻이 아니다. 내가 납득할 수 있는 방식으로 돈을 쓰고, 내 기준으로 선택하는 감각을 키우고 싶다는 의미다.

PART 2 QUICK RUN

돈이 아닌 '돈을 다루는 감각'을 키워라

요즘 나는 '돈을 다룬다'는 것에 대해 아주 현실적인 연습을 하고 있다. 하루의 소비를 돌아보면서 "오늘은 꼭 필요했던 지출이었나?", "이건 그냥 습관처럼 쓰게 된 돈이 아닌가?" 이렇게 스스로에게 묻는다. 솔직히 말하면, 아직도 괜히 배달앱을 켜고 안 해도 될 주문을 하는 경우도 있다. 필요 이상으로 커피를 사 마시고 후회할 때도 많다. 할인 쿠폰 하나에 혹해서 장바구니를 채우기도 한다. 근데 그런 경험이 쌓이면서 '내 소비 패턴'이라는 게 보이기 시작했다. 그때부터 조금씩 바뀌었다.

'무조건 아껴야 한다'가 아니라, '쓸 돈과 줄일 돈을 구분하는 감각'을 연습하게 된 거다. 예를 들어, 커피값을 줄이겠다고 아끼기보다는, 차라리 내가 집중해서 일할 수 있는 공간에서 쓰는 비용이라 생각하며, 이를 투자라고 생각하며 사용했다. 그렇게 하자, 그 대신 SNS 광고로 뜨는 '이상한 할인 아이템'에는 쉽게 손이 안 가게 됐다. 거기엔 뚜렷한 목적이 없었기 때문이다. 나아가 월초에 꼭 '이번 달에는 이런 데 돈이 나갈 것 같다'라는 걸 메모장에 대충 적어두었다. 그러자 괜히 이상한 소비가 줄었다.

나는 예산표를 만들고, 앱을 쓰는 스타일은 아니다. 하지만 가계부를 대충이라도 써보니 확실히 감이 온다. 한 달에 '내가 어디에 돈을 많이 쓰는 사람인지' 알게 되는 것만으로도 충분히 감각이 생긴다. 그리고 그걸 아는 순간부터, 돈에 대한 자책이 줄어든다. "왜 이렇게 돈을 못 모으지?"가 아니라, "아, 나는 여기에 더 많이 쓰는 사람이구나"라고 스스로를 이해하게 된다. 나는 지금 '돈을 아끼는 법'보다 '돈을 다루는 내 감각'을 키우고 있다.

- ✔ 내가 결정하는 소비
- ✔ 내가 납득하는 기준
- ✔ 내가 후회하지 않는 사용법

이게 쌓이다 보면, 언젠가 더 큰 돈을 만나도 당황하지 않고 다룰 수 있을 것 같다. 지금 내 통장에 얼마가 있느냐보다 더 중요한 건, 앞으로 돈을 어떻게 다루냐는 점이다. 40대가 되었을 때 돈 앞에서 조급해지지 않고, 덤덤하게 결정할 수 있는 사람이 되고 싶다. 그래서 지금부터 준비하는 거다. 완벽하진 않아도 괜찮다. 중요한 건 지금부터 연습하는 것이다.

PART 2 · QUICK RUN

에너지와 컨디션을 회복하는 루틴의 힘

요즘 나는 하루하루 컨디션이 정말 중요하다는 걸 실감하며 살고 있다. 아무리 할 일이 많고, 하고 싶은 일이 있어도 몸이 따라주지 않으면 그냥 멍하니 하루를 보내게 된다. 특히 서른 즈음부터는 '잠을 못 잔 날의 후폭풍', '기름진 음식을 먹은 다음 날의 무기력함' 같은 게 너무 체감된다. 예전엔 밤새도 멀쩡했는데, 이제는 조금만 컨디션이 안 좋아도 하루가 그냥 망하는 느낌이다. 그래서 나름대로 에너지를 유지하려고 노력하는 것들이 있다. 이건 거창한 루틴이 아니라, 정말 지금 내가 지키려고 노력 중인 현실 루틴이다.

운동은 거창하게 시작하면 금방 그만두게 된다

예전엔 헬스장 등록부터 했는데, 지금은 그냥 '매일 15분 유산소'나 '스트레칭 루틴'만이라도 유지하려고 한다. 유튜브에서 15~20분짜리 댄스 운동 영상 찾아 틀어놓고 움직이는 것만으로도, 놀랍게 기분이 바뀐다. 땀을 조금 흘리는 것만으로도 머리가 맑아지고, 하루가 달라진다.

배달 음식 안 먹기 챌린지를 시작했다

이건 진짜 내 컨디션에 제일 크게 영향을 준 변화였다. 배달 음식은 편하긴 한데, 먹고 나면 늘 몸이 무거웠고 다음 날까지 영향이 갔다. 그래서 '적어도 주 5일은 집에서 먹기'를 실천하고 있다. 마트에서 재료를 사 와서 대충 만들어도, 신기하게 에너지가 다르다.

영양제는 솔직히 플라시보라고 생각했는데, 이제는 필수템이 되었다

비타민 B군, 유산균, 오메가3, 이런 기본 영양제만 챙겨 먹어도 확실히 덜 지친다. 특히 꾸준히 먹으면 '무기력하게 눕는 시간'이 줄어든다. 물론 다 그런 건 아니겠지만, 나한테는 효과가 분명히 있었다.

수면의 질을 높이기 위한 '저녁 루틴' 만들기

자기 전에 무조건 불을 줄이고, 핸드폰을 멀리 두고, 잔잔한 음악을 틀어놓고 몸을 진정시킨다. 어떤 날은 10분 명상도 한다. '루틴'이라고 거창할 필요 없다. 그냥 매일 저녁에 '잠들기 위한 준비'를 의식적으로 한다는 게 핵심이다.

내가 요즘 실천 중인 에너지 루틴 정리

1. 주 3회, 유튜브 홈 트레이닝 15분
2. 배달 음식 끊고 냉장고에 반조리 식재료 채우기
3. 아침에 비타민 챙겨 먹기
4. 하루 2L 물 마시기 목표
5. 자기 전 30분, 불 끄고 조용한 시간 만들기

이렇게 정리해보면 딱 한 가지다. '에너지는 체력이 아니라 루틴이다.' 기분 좋게 살고 싶다면, 에너지 관리가 가장 우선이다. 그게 지금의 나를 움직이고, 나중에 평균 이상의 삶을 만들 원동력이 되니까.

PART 2 QUICK RUN

성장을 지속하는 배움의 습관을 만들어라

성장을 지속해야 한다는 말은 진부하게 들릴 수 있다. 하지만 내가 깨달은 성장을 멈춘 사람의 공통점은, 더 이상 '새로운 것'을 배우지 않는다는 것이다. 그리고 배움이 멈추는 이유는 하나다. 배워야 할 이유는 알지만, 배우고 싶은 마음이 들지 않기 때문이다. 배움이 억지처럼 느껴질 때는 대부분, 자신이 진짜 흥미를 느끼는 것과는 거리가 먼 것을 붙잡고 있을 때다. 그래서 나는 어느 순간부터 방향을 바꿨다. "이걸 배워야 한다."에서 "이건 좀 재밌어 보인다."로. 배움의 첫 단추는 의무가 아니라, 관심이어야 한다.

흥미 있는 것부터 시작해야 배움이 습관이 된다

누군가는 자격증을 준비하며 스트레스를 받는다. 누군가는 책 한 권을 끝내기도 버겁다. 그것은 '해야 하니까'라는 식의 배움이기 때문이다. 배움은 '하고 싶어서' 해야 오래 지속할 수 있다. 그래서 나는 아주 사소한 관심에서부터 시작했다. 어느 날 유튜브에서 자기계발 콘텐츠를 보다가 흥미가 생겼고, 그게 책으로 이어졌고, 결국 내 콘텐츠 기획에도 연결됐다. 처음엔 단지 재밌어서 시작한 것이, 인생의 방향으로 이어질 수도 있다. 중요한 건, 지금 내 마음이 반응하는 것을 놓치지 않는 것이다.

배우는 대상보다, 배우는 습관이 중요하다

재밌는 것만 좇다 보면 얕은 지식만 남지 않을까 걱정할 수도 있다. 하지만 시작은 얕아도 괜찮다. 배움이 습관이 되면, 점점 더 깊은 영역으로 관심이 확장된다. 예를 들어, 커피에 관심이 생겨서 원두 공부를 하다가, 나중엔 식품 유통, 프랜차이즈 사업 모델까지 관심을 갖게 되는 식이다. 배움은 선형이 아니다. 처음에는 산발적으로 흩어진 관심들이, 어느 순간 내 삶의 퍼즐처럼 맞춰진다. 그래서 중요한 건 '배우는 방식'이다. 억지로 하지 않고, 가볍게 접근하고, 반복해서 만나는 것. 그게 진짜 자기 성장의 루틴이 된다.

흥미를 놓치지 않으려면 기록이 필요하다

나는 메모 앱에 '요즘 관심사' 폴더를 만들어 두었다. 흥미 있는 영상, 글, 사람, 주제를 발견할 때마다 짧게 적어둔다. "이거 나중에 좀 더 알아보고 싶다.", "이런 일 해보면 재밌겠는데?" 이런 사소한 메모들이 모이면, 나만의 배움 아카이브가 된다. 정리를 잘하자는 게 아니다. 내가 요즘 어떤 것에 반응하는지를 놓치지 않기 위해서다. 사람은 금방 잊는다. 지금의 흥미는 1주일 후에 사라질 수도 있다. 하지만 적어두면, 다시 꺼낼 수 있다. 그게 배움의 연결 고리가 된다.

관심 있는 것을 조금 더 깊게 들여다보라

요즘 관심 있는 게 있다면, 유튜브 영상 3편, 블로그 글 3개, 책 1권만 찾아보자. 그것만으로도 기존의 지식과 사고방식에 틈이 생긴다. 그 작은 틈이 결국 성장을 만든다. 나는 그것을 '관심의 입구'라고 부른다. 관심의 입구로 들어서면, 나도 모르게 더 많은 정보를 찾고, 연결하고, 시도하게 된다. 성장은 그렇게 시작된다. 지금 내가 흥미를 느끼는 주제 하나만 진지하게 파고들어도, 1년 뒤에는 그 주제가 내 일이 되거나, 내가 사람들과 나누는 이야기가 될 수도 있다.

성장은 누구나 할 수 있다. 하지만 흥미를 놓치면, 그 문은 쉽게 닫힌다. 지금 내가 조금이라도 관심이 가는 것에 집중하자. 그리고 그 관심을, 조금 더 깊이 있게 확장하자. 이 습관이 정체를 막고, 앞으로 나아가게 만드는 내 인생의 가장 좋은 도구라는 걸 나는 이미 여러 번 경험했다. 이제 당신 차례다. 당신이 지금 흥미를 느끼는 것이 무엇이든, 거기서부터 시작하면 된다.

PART 2 QUICK RUN

10년 뒤 나를 위한
오늘의 자산을 쌓아라

사람들은 자산이라고 하면 대부분 '돈'을 떠올린다. 하지만 시간이 지나면서 나는 진짜 자산은 돈뿐만이 아니라는 것을 깨달았다. 특히 30대에 들어서고 나서야 알게 된 사실은, 지금의 습관과 시간 사용 방식, 배움의 태도, 관계의 질, 나를 지탱해주는 몸과 마음의 상태 모두가 미래의 자산이라는 것이다. 자산을 쌓는다는 건 단순히 통장 잔고를 늘리는 일이 아니라, 앞으로 살아갈 10년을 위한 기초 체력을 다지는 일이다.

자산은 쌓이는 것이 아니라, 매일 만들어지는 것이다

우리는 가끔 '언젠가 여유가 생기면 저축하자', '나중에 시간 나면 배우자', '형편이 되면 건강 관리하자'라는 식으로 중요한 것들을 미룬다. 하지만 진짜 자산은 그렇게 여유 있을 때 갑자기 생기는 게 아니다. 오히려 바쁜 지금, 조금씩이라도 쌓아야 나중에 누릴 수 있다. 하루 30분이라도 책을 읽고, 가계부를 쓰고, 산책을 즐기며, 사람들과 진짜 대화를 나누는 시간들이 바로 '자산을 만드는 시간'이다.

돈보다 먼저 관리해야 할 자산은 '시간'이다

시간을 낭비하면 결국 돈도 기회도 같이 사라진다. 30대에는 특히 시간 감각을 기르는 것이 중요하다. 일을 하고, 인간관계를 맺고, 삶을 설계하는 모든 영역에서 '내가 시간을 어디에 쓰고 있는가'는 곧 '내가 어떤 사람으로 살고 있는가'와 직결된다. 그래서 나는 매주 내 시간 사용을 돌아보며 정리한다. 시간이 모이면 습관이 되고, 습관은 결과를 만든다. 지금의 시간 관리가 10년 뒤의 나를 만든다.

경험은 시간이 지나도 가치가 사라지지 않는 유산이다

나는 20대에 다양한 시도를 했다. 창업, 콘텐츠 기획, 전시회 참여, 사업계획서 작성, 강연, 책 출간 준비 등. 그중에는 수익으로 연결되지 않은 경험도 있었고, 실패한 시도도 있었다. 하지만 놀랍게도 시간이 지난 지금, 그 모든 경험들이 내 무기가 되어주고 있다. 새로운 프로젝트를 시작할 때, 그 경험들은 마치 나만의 라이브러리처럼 꺼내 쓸 수 있다. 경험은 사라지지 않는다. 실패든 성공이든, 한 번 쌓인 경험은 미래의 나를 위해 남는다.

30대의 인간관계는 관계의 '질'을 선택하는 시기다

 이제는 사람 수를 늘리는 것보다, 나를 지지해주는 관계를 정리하고 남기는 것이 더 중요하다. 우리는 종종 얕은 관계에 많은 시간을 쓰고, 에너지를 낭비하곤 한다. 반대로 진짜 내가 어떤 삶을 살고 싶은지 이야기 나눌 수 있는 사람, 서로 자극을 주고받는 사람, 위기 때 함께 고민해주는 사람은 시간이 갈수록 더욱 귀해진다. 30대에는 이런 관계를 의식적으로 '남겨야' 한다. 관계 역시 자산이다. 특히 평균 이상의 40대를 만들기 위해 반드시 필요한 자산이다.

건강은 잃으면 회복하기 어려운 유일한 자산이다

 30대에 체력과 면역력은 점점 떨어진다. 피로는 쉽게 쌓이고 회복은 더뎌진다. 그래서 지금 건강을 관리하지 않으면, 40대부터는 회복이 아니라 '버티기'의 삶이 된다. 매일 운동하지 않아도 괜찮다. 하지만 최소한의 루틴은 있어야 한다. 정기적인 건강 검진, 폭식하지 않기, 수면 패턴 지키기, 몸을 쓸 수 있는 취미 하나 만들기. 이런 것들이 결국 10년 뒤의 삶의 질을 결정한다. 건강은 나중이 아니라 지금부터 관리해야 한다.

지금 이 순간, 어떤 자산을 쌓고 있는가

나는 종종 나 자신에게 이런 질문을 던진다. "오늘 내가 한 선택은 10년 뒤 나에게 어떤 의미일까?" 지금의 소비, 인간관계, 루틴, 감정 관리, 배움, 휴식의 방식까지도 결국은 나의 미래 자산을 결정한다. '열심히'보다 중요한 건 '의식적인 선택'이다. 내가 어떻게 살고 싶은지를 떠올리며, 지금의 하루를 조금 더 다듬는 것. 이게 바로 평균 이상의 40대를 만들어가는 오늘의 실천이다.

당신도 10년 뒤의 나를 상상해보라. 어떤 모습이고 싶은가? 어떤 삶을 살고 싶은가? 그 삶은 오늘의 자산 위에 지어질 것이다. 무거운 시작이 아니어도 좋다. 지금 당장, 가장 손에 잡히는 한 가지를 관리해보자. 시간일 수도 있고, 돈일 수도 있고, 인간관계나 건강일 수도 있다. 자산은 나중이 아니라, 지금 쌓는 것이다.

7장

40대라면
도전하라, 실행이 당신을 바꾼다

행동이 두려움을 이긴다.
시도하지 않으면 아무것도 바뀌지 않는다.

_ 데일 카네기

대부분의 사람들은 '도전'이라는 단어를 들으면 겁을 먼저 먹는다. '도전'이라는 말이 주는 어감 자체가 뭔가 엄청난 일을 해야 할 것 같은 부담감을 준다. 창업을 해야 하나, 새로운 커리어에 도전해야 하나, 삶의 전부를 걸고 뭔가를 시작해야 할 것처럼 느껴진다. 하지만 진짜 인생을 바꾸는 도전은 그렇게 거창하고 거대한 것이 아니다. 오히려 아주 작고, 소소하고, 사소해 보이는 행동에서부터 시작된다.

PART-2·QUICK RUN

작은 도전부터
시작하라

나는 처음 창업을 결심했을 때, 뭔가 대단한 아이템을 개발한 것도 아니었고, 세상을 바꿀 아이디어가 있었던 것도 아니었다. 그저 내가 평소 관심 있던 분야에 대해 조금 더 깊게 알아보고 싶었고, 이걸 직접 해보면 어떨까 하는 궁금증이 있었다. 그래서 무작정 사업계획서를 써봤다. 용어도 생소했고, 방향도 명확하지 않았지만, 그 한 걸음이 결국 내 인생을 바꾸는 시작이 되었다.

중요한 건 '완벽한 준비'가 아니라 '조금이라도 움직이는 용기'다. 많은 사람들은 "준비가 되면 시작할게.", "좀 더 알아보고 결정할래."라고 말한다. 하지만 실제로 완벽한 준비란 없다. 아무리 머릿속에서 시뮬레이션을 해봐도, 실제로 행동해보지 않으면 그게 어떤 경험인지 알 수 없다. 실전은 다르다. 그래서 우리는 아무리 작더라도, 당장 움직이는 습관을 들여야 한다.

- 아침에 일어나 10분 일찍 하루 계획을 손으로 써보기
- 관심 있는 분야의 책을 사서 하루에 5쪽이라도 읽기 시작하기
- '언젠가 써야지' 했던 글을 블로그에 첫 문단만이라도 써보기

- 혼자만 끙끙 앓던 생각을 노트에 털어놓듯 적어보는 연습하기
- 도전하고 싶은 분야의 커뮤니티나 오픈 채팅방에 가입해보기
- 유튜브로 간단한 무료 강의 한 개만 끝까지 시청해보기
- 혼자 몰래 끌어안고 있던 불안감을 친구에게 솔직하게 말해보기
- 관심 있는 분야의 공모전, 지원 사업, 강의 등에 신청만이라도 해보기

이처럼 '작은 도전'은 이미 우리 일상 속에 숨어 있다. 단지 우리가 그걸 '도전'이라고 부르지 않았을 뿐이다. 실제로 우리가 하는 선택 중 많은 것들이 나를 조금씩 변화시키고 있다. 문제는 그런 변화를 너무 하찮게 여긴다는 것이다. "이게 뭐라고.", "이거 한다고 뭐가 달라지겠어."라는 생각이 도전을 가로막는다. 하지만 시간이 지나면 알게 된다. 그 '하찮은 선택'들이 하나둘 모여, 결국 내 삶을 바꾸는 커다란 전환점이 된다는 것을.

도전이 어려운 이유는 행동보다 마음이 무겁기 때문이다

"내가 이걸 해도 될까?"
"남들이 뭐라고 생각하지 않을까?"
"지금 너무 늦은 건 아닐까?"

수많은 생각들이 머릿속을 떠다닌다. 그래서 우리는 도전보다 머뭇거림을 선택하고, 시도보다 회피를 선택한다. 하지만 그때마다 이렇게 생각해

보자. '만약 지금 이걸 하지 않으면, 1년 뒤 나는 어떤 기분일까?' 대체로 후회는 '실패한 경험'에서 오는 것이 아니라, '도전조차 하지 않은 시간'에서 온다.

나는 작은 도전들을 반복하면서 점점 자신감이 붙는 걸 느꼈다. 첫 사업계획서를 낼 때는 떨리는 손으로 한 줄 한 줄 써 내려 갔고, 첫 제품을 만들 때는 누가 사줄지도 모른 채 몇 날 며칠을 고민했다. 그럼에도 불구하고 실행했던 경험이 지금도 내 삶에 살아 있는 자산이 되었다. 그리고 그때의 도전은 나에게 '다음 도전'을 향한 용기를 주었다.

당신도 지금, 아주 작고 소소한 도전부터 시작할 수 있다. 결과를 너무 기대하지 말고, 일단 행동하는 것에 집중하자. 처음부터 잘할 필요도 없고, 모두가 알아줄 필요도 없다. 중요한 건 지금 나 스스로가 움직이고 있다는 사실 하나다. 그 하나가 쌓이면 반드시 나를 다른 위치로 데려다준다.

작은 도전을 습관화하면, 두려움보다 실행이 먼저 떠오르기 시작한다. 고민보다 실행이 먼저인 사람이 되고, 시도하는 사람에게만 보이는 새로운 기회들이 보이기 시작한다. 지금의 나를 만든 건, 아주 사소하지만 포기하지 않고 계속해온 작은 도전들이었다.

당신도 할 수 있다. 오늘, 당신이 생각나는 단 하나의 행동을 정해보자. 그리고 오늘 안에 그것을 실천하자. 그게 바로 평균 이상의 삶으로 가는 첫걸음이 될 것이다. 도전은 크기가 아니라 방향이다. 작게 시작하더라도, 그 도전이 나를 조금이라도 더 나아가게 만든다면, 그건 이미 충분한 시작이다.

PART 2 · QUICK RUN

두려움보다
실행을 선택하는 태도

실행을 막는 진짜 이유는 '할 줄 몰라서'가 아니라 '두려움' 때문이다. 두려움은 형태를 달리해서 다양한 핑계로 우리 앞에 등장한다.

"지금은 타이밍이 아닌 것 같아."
"조금 더 공부하고 시작할래."
"아직은 준비가 덜 됐어."
"이걸 하면 나를 이상하게 보지 않을까?"

하지만 그 말들 속에 숨은 진짜 감정은 대부분 이렇다.

"망하면 어쩌지?"
"나만 바보 되는 거 아닐까?"
"지금 하는 게 의미 없으면 어떡하지?"

우리는 실패보다, 실패한 나를 바라보는 세상의 시선이 더 무서운 것이다. 두려움은 누구에게나 있다. 그리고 사라지지 않는다. 다만, 그것을 다루는 방식은 선택할 수 있다. 어떤 사람은 두려움 때문에 멈추고, 어떤 사람은 두려움과 함께 앞으로 나아간다. 평균 이상의 삶을 사는 사람은 두려움이 없는 사람이 아니라, 두려움을 마주하고도 '실행'을 선택한 사람이다. 나도 그랬다. 새로운 일에 도전할 때마다 긴장했고, 창업을 결심할 때도, 강의를 처음 나갈 때도, 글을 처음 세상에 올릴 때도 무서웠다. 하지만 멈추지 않았다. 실행하고 나면, 두려움은 조금씩 작아졌다. 그렇다면 우리는 어떻게 실행을 선택하는 사람이 될 수 있을까? 두려움을 넘는 실행력을 키우기 위한 구체적인 전략들을 소개한다.

두려움의 실체를 언어로 붙잡아라

두려움은 막연할수록 커진다. 그래서 우리는 그것을 말로 꺼내야 한다.

"나는 지금 이 일을 하면서 무엇이 가장 두려운가?"
"실패했을 때 정확히 어떤 상황이 벌어진다고 생각하는가?"

막연한 공포는 구체적인 언어로 옮기는 순간 작아진다. 대부분은 '망하는 일'이 아니라, '망할 수도 있다는 감정'일 뿐이다. 두려움이 크다고 느껴질수록, 종이 위에 그것을 하나하나 써보라. 그러면 그 감정은 더 이상 나를 붙잡지 못한다.

실패보다 후회를 더 무서워하라

내가 지금껏 가장 후회하는 일은, '하지 않은 일'이었다. 잘못된 선택도 있었고, 아쉬운 결과도 있었지만, 결국 후회로 남는 건 "그때 왜 시도하지 않았을까?"였다. 대부분의 실패는 복구할 수 있다. 시간도 지나고, 돈도 다시 벌 수 있다. 하지만 실행하지 않아 놓친 기회는 다시 오지 않는다. 실패보다 무서운 건, 도전하지 않은 채 늙어가는 자신이다. 실행할까 말까 고민될 땐 이렇게 질문해보자.

"지금 하지 않으면, 나중에 후회할까?"

그렇다면 무조건 해보는 쪽을 선택하라. 나중엔 경험이 되어 돌아온다.

완벽을 기준으로 삼지 말고, 일단 60%의 완성도를 목표로 하라

완벽주의는 실행의 가장 큰 적이다. "이왕 하는 거 제대로 해야지."라는 말이 실행을 무한히 미루게 만든다. 중요한 건 '완벽하게 시작하는 것'이 아니라, '불완전하더라도 시작하는 것'이다. 60%의 완성도면 충분하다. 나머지 40%는 실행하면서 채워진다. 처음부터 다 준비된 사람은 없다. 내가 낸 첫 사업계획서는 지금 보면 허점투성이였다. 하지만 그걸 내야 다음 단계가 생기고, 멘토의 피드백을 받고, 실제로 발전시킬 수 있었다. 실행이 곧 성장이다. 성장은 준비가 아니라 시도에서 비롯된다.

작게 나누고 즉시 실행하라

계획이 거대할수록 시작이 어렵다. "책을 써야지."라는 결심은 너무 막연하다. 대신 "오늘 한 문단만 써보자."라는 결심은 실현 가능성이 높다. 실행력이 높은 사람은 항상 목표를 작게 쪼갠다. 10분 안에 끝낼 수 있는 작은 행동 하나부터 시작하라. 그 행동이 단 1cm라도 나를 앞으로 가게 한다면, 그것은 성공이다. 그리고 그 움직임이 쌓이면, 결국 큰 프로젝트도 완성된다. 시작은 작게, 속도는 천천히, 방향만 확실하게 정하라. 그게 실행력을 만드는 방법이다.

실행하는 환경을 먼저 만들라

사람은 환경의 지배를 받는다. 내가 하고 싶은 일을 하기 위해서는, 그걸 실천할 수 있는 물리적·심리적 환경을 먼저 만드는 것이 중요하다. 예를 들어 독서를 하고 싶다면, 책을 눈에 보이는 곳에 두고, 스마트폰을 다른 방에 두자. 글을 쓰고 싶다면, 글쓰기 전용 노트북을 켜고, 배경음악을 틀어 집중 환경을 만든다. 실행력을 높이는 사람은 의지가 강한 사람이 아니라, 환경을 먼저 정비한 사람이다.

함께 실행하는 사람을 만들어라

혼자 하는 도전은 쉽게 무너진다. 그래서 나와 함께 같은 방향을 바라보는 사람, 혹은 나를 점검해줄 수 사람을 곁에 두는 것이 실행력을 높이는 데 큰 도움이 된다. 피드백을 줄 수 있는 멘토나, 같은 목표를 향해 도전하는 팀원이 있다면 실행은 자연스럽게 따라온다. SNS에 선언해도 좋고, 지인에게 '이번 주까지 이것을 하겠다'라고 말해도 좋다. 혼자만 알고 있는 목표는 쉽게 미뤄지지만, 누군가와 공유한 목표는 지켜야 할 약속이 된다.

실행은 재능이 아니다. 실행은 연습이다. 처음엔 망설이고, 또 미루고, 또 고민하게 될 것이다. 하지만 그 순간에도 조금이라도 움직이는 연습을 해보자. 아주 작은 한 걸음이라도 실행한 사람과, 그대로 머무른 사람은 1년 후, 5년 후 완전히 다른 길을 걷고 있을 것이다.

실행은 생각을 행동으로 바꾸는 유일한 길이다. 우리는 생각으로 살지 않는다. 결국 '무엇을 했는가'로 삶이 결정된다. 두려움이 당신을 붙잡을 때마다 이 문장을 기억하자. "나는 두려워도 할 수 있다." 그리고 오늘, 지금, 할 수 있는 단 한 가지 행동을 선택하자. 그것이 당신의 내일을, 그리고 인생을 바꾸는 시작이 될 것이다.

실패에서 배우고
다시 도전하라

실패는 누구나 겪는다. 하지만 누구나 성장하는 건 아니다. 차이는 실패 이후의 태도에서 갈린다. 어떤 사람은 실패를 경험하고 '역시 난 안 되는 사람이었어.'라며 스스로를 부정한다. 반면 어떤 사람은 같은 실패를 통해 '이번엔 왜 안 됐지?'를 고민하고, 그 속에서 배움을 찾는다. 그리고 다시 도전한다. 실패는 사람을 나누지 않는다. 실패를 다루는 태도가 사람을 갈라놓는다.

실패는 피할 수 없다. 오히려 나는 이렇게 생각한다. 실패는 무조건 온다. 그럼 나는 어떻게 실패할 것인가? 이것이 중요한 질문이다. 실패는 우리를 불편하게 만들고, 자존심에 상처를 주고, 때로는 자존감을 송두리째 흔들기도 한다. 그래서 사람들은 실패를 피하고 싶어 한다. 시도조차 하지 않거나, 너무 많은 준비만 하다 결국 시작하지 못한다. 하지만 그렇게 피한 실패는 나중에 '후회'라는 더 무거운 감정이 되어 돌아온다. 차라리 실패하고 배운 경험이 낫다. 실패는 당신을 다치게 할 수 있어도, 후회는 당신을 멈추게 만든다.

실패에서 배운다는 건 단순히 실수도 경험이라고 위로하는 것이 아니다.

정말로 실패의 원인을 분석하고, 다음 도전을 위한 전략을 세워야 '학습'이라고 부를 수 있다. 실패가 아무 의미 없는 고통으로 남지 않으려면, 반드시 그 안에서 '데이터'를 추출해야 한다.

실패를 다룰 줄 아는 사람은, 이 세 가지 질문을 습관처럼 던진다

1. 이번 실패의 정확한 원인은 무엇이었는가?

그들은 단순히 '운이 없었다'라고 넘기지 않는다. 시장 조사를 덜 했던 건 아닌지, 준비 과정이 미흡했는지, 아니면 시점이 잘못됐는지, 피드백을 놓쳤던 건 아닌지를 객관적으로 따져본다. 이 과정이 없으면 다음 도전에서도 같은 패턴을 반복하게 된다.

2. 이 실패에서 내가 얻은 것은 무엇인가?

손해, 상처, 좌절만 남긴 것처럼 보여도, 실패에는 반드시 배울 수 있는 게 있다. 내가 몰랐던 나의 약점, 예상보다 나의 강했던 점, 혹은 인간관계의 신호까지. 실패는 언제나 깨달음을 동반한다. 중요한 건 그것을 정리해서 '내 것으로 만드는 시간'을 갖는 것이다.

3. 다음에 다시 시도한다면, 무엇을 바꿀 것인가?

이 질문을 던지면 실패는 끝이 아니라 다음 도전의 설계도가 된다. 같은 실패를 반복하지 않기 위해, 무엇을 바꿔야 할지를 생각한다면 그 사람은 이미 절반은 이긴 것이다. 실패를 두려워하는 사람과 실패를 설계 자료로 활용하는 사람은 다르다.

내가 처음 창업을 시작했을 때, 정말 많은 실패를 겪었다. 제품이 안 팔려서 창고에 재고가 쌓이기도 했고, 마케팅에 쓴 예산이 허무하게 사라진 적도 있었다. 무작정 열정을 앞세우다 협력 업체와 소통에 오해가 생겨 큰 손해를 본 적도 있었다.

실패에 무너지지 않으려면, 실패에 이름을 붙여야 한다. 그냥 망했다고만 하지 말고, 정확히 어떤 선택이 어떤 결과를 만들었는지 써보자. 글로 적어보면 감정은 줄어들고, 판단은 선명해진다. 그렇게 실패가 하나의 '리포트'가 되는 순간, 당신은 그 실패에서 자유로워질 수 있다. 그리고 이 말을 기억하자.

"실패는 나를 설명하지 않는다. 실패는 내가 시도했다는 증거일 뿐이다."

당신이 어떤 실패를 했든, 그건 당신이 움직였다는 뜻이다. 아무것도 하지 않은 사람은 실패도 없다. 하지만 아무것도 없는 사람 역시 성공도 없다. 실행을 선택한 사람만이 실패하고, 실패한 사람만이 배운다. 그리고 배운 사람만이 다음에 더 잘할 수 있다.

실패는 절대로 부끄러운 일이 아니다. 부끄러운 건 두려워서 아무것도 하지 않는 것이다. 실패에서 배우는 사람은 반드시 평균 이상의 삶을 살게 된다. 그 과정 속에서 사람은 점점 더 강해지고, 똑똑해지고, 유연해지기 때문이다. 실패는 나를 테스트하러 온 것이 아니라, 나를 성장시키기 위해 온 것이다.

그러니까 조금은 실패해도 된다. 그리고 다시 시작하라. 넘어졌다면 괜찮다. 일어날 수 있다면, 그건 여전히 도전 중이라는 뜻이다. 실패에서 배운 당신은 이전보다 훨씬 강하다. 지금의 이 경험이, 앞으로 수십 번의 도전을 뒷받침해줄 자산이 되어줄 것이다. 실패는 성공의 반대가 아니라, 성공의 일부다. 실패에서 다시 일어나는 모든 도전은, 이미 성공의 길 위에 서 있는 것이다.

PART·2·QUICK·RUN

나만의 프로젝트를
실현하라

　우리는 누구나 머릿속에 '언젠가는 해보고 싶은 일'이 하나쯤 있다. 창업, 전업 작가, 유튜버, 여행, 독립 출판, 부업, 공부, 브랜드 런칭, 혹은 단순히 나만의 공간 만들기 같은 것들. 하지만 사람들은 그것을 '계획'으로만 남겨둔 채 끝내 실행에 옮기지 못한다. 이유는 간단하다. 막연하기 때문이다. '언젠가'는 영원히 오지 않고, '해야지'라는 말은 절대 '했다'로 바뀌지 않는다. 그래서 우리는 그걸 프로젝트로 바꿔야 한다.

　'나만의 프로젝트'란 내 삶에 의미 있는 작은 도전을 구체적으로 실행하는 과정이다. 거창한 결과를 내는 것이 아니라, 구체적인 방향과 목표를 가진 실천의 단위다. 예를 들어 이런 것들이다.

- ✓ 3개월 동안 매일 한 줄 일기 쓰기 프로젝트
- ✓ 블로그에 30일간 글쓰기 챌린지
- ✓ 퇴근 후 1시간, 브랜드 공부하기 프로젝트
- ✓ 매주 일요일, 건강 레시피 요리해보기
- ✓ 매일 새벽 6시 기상 루틴 100일 도전

- 1인 브랜드 로고 직접 만들기 실습
- 내가 만든 제품 하나, 실제로 판매해보기
- 좋아하는 콘텐츠 10편 분석 정리 프로젝트

이런 프로젝트는 단순한 '습관'이나 '목표'와는 다르다. 나의 관심사와 연결되어 있고, 결과물이 존재하며, 일정한 기간 동안 구체적으로 진행된다는 점에서 그렇다. 즉, 프로젝트는 나라는 사람의 가능성을 가시화하는 도구다.

중요한 건, 처음부터 완벽한 프로젝트를 만들 필요가 없다는 것이다. 시작이 너무 크면 부담이 되고, 결국 포기하게 된다. 대신 작게 시작하라. 지금 내 상황에서 해볼 수 있는 가장 현실적인 범위로 계획을 짠다. 시간은 얼마나 낼 수 있는가? 돈은 어느 정도 들까? 누구의 도움을 받을 수 있을까? 어느 정도의 완성도를 목표로 할까? 이런 질문을 하나씩 정리하면서 '프로젝트 기획서'를 아주 간단하게라도 작성해본다. 그럼 이게 단순한 바람이 아닌, '할 수 있는 일'로 다가온다.

그리고 무엇보다 중요한 건, 실행 루틴을 만드는 것이다. 매일 혹은 매주 일정한 시간과 공간에서 이 프로젝트에 몰입하는 루틴을 만들어야 한다. 어떤 날은 하기 싫고, 귀찮고, 내가 왜 이걸 하고 있지 싶은 날도 올 것이다. 하지만 그럴 때마다 "이건 내가 정한 약속이다."라는 생각으로 돌아가야 한다. 작은 도전을 지속하기 위해서는 내적 동기와 실행 루틴이 반드시 필요하다. 실행하면서 가장 효과적인 도구는 '기록'이다. 내가 무엇을 했는지, 어떤 결과가 나왔는지, 어떤 생각과 감정을 느꼈는지를 기록해두면 피드백 루프가 작동한다. 그리고 나중에 그 기록은 당신의 경험치이자 포트폴리오가 된다. 무엇보다 내가 움직였다는 증거가 되어준다.

하나의 프로젝트를 끝마치면, 그 성취감은 상상 이상이다. 그 어떤 외부의 인정보다도, "내가 해냈다."라는 감정은 스스로를 강하게 만든다. 처음에는 작았던 그 프로젝트가, 삶의 주도권을 되찾는 강력한 자산이 되어 있다.

여기서 또 하나 중요한 포인트는 이 작은 프로젝트들이 모여 인생을 만든다는 것이다. 누군가는 말한다. "그거 해봐야 뭐가 바뀌겠어?" 하지만 나는 단언한다. 바뀐다. 지금 당신이 만든 이 작은 도전 하나가, 내년의 당신, 5년 후의 당신을 완전히 다르게 만들어 놓을 것이다. 왜냐하면, 도전은 단 한 번의 결과가 아니라, '도전하는 태도'를 만드는 훈련이기 때문이다.

지금 이 순간, 당신의 프로젝트는 무엇인가? 꼭 멋진 것이 아니어도 좋다. 누가 봐도 대단하지 않아도 된다. 오직 당신에게 의미 있는 프로젝트 하나면 충분하다. 그리고 지금 시작하라. 나중이 아니라, 오늘. 책을 덮고 바로. '나만의 프로젝트'를 실현하겠다는 각오로 움직이는 순간, 당신은 이미 스스로 만족할 수 있는 삶을 살아가는 것이다.

8장

일상 속 작은 행복을 실천하라

행복은 미래에 있는 것이 아니라,
매일의 순간 안에 숨어 있다.

_ 톨스토이

우리는 종종 행복을 아주 거창한 것으로 생각한다. 해외여행, 억대 연봉, 명품 쇼핑처럼 눈에 보이는 어떤 결과가 있어야만 행복하다고 느낄 수 있다고 믿는다. 하지만 그런 행복은 일상에서 아주 가끔 찾아온다. 반면, 매일 반복되는 일상 속에서 느끼는 작고 사소한 행복은 우리가 정말 원하는 '지속 가능한 행복'에 훨씬 가깝다. 그 작은 행복의 시작점이 바로 '루틴'이다.

PART 2 QUICK RUN

루틴 속에서
기쁨을 찾는 방법

매일 반복되는 루틴 속에 내가 좋아하는 것, 나를 회복시키는 것, 나를 움직이게 하는 요소를 하나씩 담기 시작하면, 우리의 하루는 이전과 완전히 다른 강도로 채워진다. 루틴은 단순한 습관이 아니다. 루틴은 나를 정돈하는 힘이자, 평범한 일상에서 기쁨을 회복하는 장치다.

아침형 루틴: 하루를 여는 나만의 의식

아침을 어떻게 시작하느냐에 따라 하루의 분위기가 달라진다. 정신없이 출근 준비를 하며 쫓기듯 하루를 시작하는 것과 단 30분이라도 '나만의 시간'을 확보하는 것의 차이는 생각보다 크다. 아침 루틴은 내 하루의 리듬을 설정하는 스위치다. 아래는 아침 루틴으로 활용할 수 있는 실천 예시들이다.

1. 기상 후 침구 정리하기
 침대를 정돈하는 순간, 하루를 통제할 수 있다는 느낌을 준다. 작은 성취로 하루를 시작할 수 있다.

2. 창문을 열고 바깥 공기를 마시기

바람 한 줄기, 햇빛 한 스푼이 나의 정신을 맑게 해준다. 숨을 크게 들이마시며 "오늘도 괜찮은 하루가 될 거야."라고 생각해보자.

3. 따뜻한 물이나 커피 한 잔 마시기

카페에서 마시는 비싼 커피가 아니라도, 내가 내린 한 잔의 음료가 '나를 위한 여유'가 된다.

4. 5분 스트레칭

몸을 가볍게 깨우는 데 스트레칭만 한 게 없다. 등, 어깨, 허리, 목을 돌려주며 굳어 있던 몸에 에너지를 불어넣어 보자.

5. 짧은 글쓰기 또는 감정 기록

오늘의 기분, 하고 싶은 일, 간단한 다짐을 적어보자. 루틴은 나를 움직이게도 하지만, 나를 이해하게도 한다.

6. 좋아하는 음악 틀기

출근 준비 중에도 백색 소음 대신 나를 기분 좋게 해주는 음악을 틀어두면 감정의 결이 달라진다.

저녁형 루틴: 하루를 정리하고 나를 회복시키는 시간

바쁜 하루를 마치고 나면 우리는 피곤하고 지친 상태가 되어 있다. 이때 가장 중요한 건, 하루를 흘려보내지 않고 '회복하는 시간'을 의식적으로 만드는 것이다. 저녁 루틴은 나를 다시 채우는 재충전의 시간이다.

1. 불필요한 조명 줄이기
집에 돌아와 휴식을 취하는 순간, 가장 먼저 불의 조도를 낮게 바꿔보자. 눈과 뇌를 쉬게 만들어 줄 것이다.

2. 디지털 기기 내려놓기
핸드폰을 내려놓고 나만의 시간을 만들어보자. 정보의 자극에서 벗어나는 것만으로도 스트레스가 줄어든다.

3. 따뜻한 샤워와 정리된 공간
샤워 후 정리된 방에 눕는 순간, 오늘 하루가 내 안에서 정돈된다. 이 감각이 하루의 마무리를 단단하게 만들어준다.

4. 향이나 음악으로 감각을 깨우기
아로마 향, 향초, 조용한 음악은 단순한 기분 전환이 아니라 내면의 감정 회복을 도와주는 도구다.

5. 내일을 위한 간단한 메모하기

하고 싶은 일이나 작은 목표를 적어두면 불안한 예측 대신 기대감을 안고 잠들 수 있다.

루틴이 만들어내는 변화는 '축적'이다.

아침과 저녁, 하루 두 번의 루틴은 삶의 골조를 만든다. 처음엔 작고 사소해 보일지 몰라도, 이 루틴을 100일, 365일 쌓아가면 놀라운 변화가 찾아온다.

- ✓ 내가 나를 잘 돌보는 사람이라는 자존감
- ✓ 조급함에서 벗어나 리듬을 만드는 자신감
- ✓ 감정이 아닌 선택으로 하루를 보내는 통제력
- ✓ 무엇보다 삶을 직접 설계하고 있다는 실감

루틴은 나를 더 나은 사람으로 느끼게 하고, 실제로 그렇게 만들어주는 가장 손쉬운 도전이자 강력한 변화의 도구다. 행복한 사람은 뭔가 특별한 일로 행복한 게 아니다. 작은 루틴을 꾸준히 쌓아 올린 결과로, 일상 자체가 안정된 사람이다. 그러니 오늘부터 하루를 통과하는 루틴 하나를 만들어 실천해보자. 아침의 10분, 저녁의 20분이 당신의 일상을 완전히 바꾸기 시작할 것이다.

PART 2 QUICK RUN

정리된 공간이 나에게 주는 힘

우리는 누구나 삶을 정리하고 싶다고 말한다.

"이제는 좀 정리하고 살고 싶어."
"복잡한 건 그만하고, 단순하게 살고 싶어."

하지만 정작 "무엇을 정리해야 하는가?"라는 질문에 명확히 대답하기는 어렵다. 정리를 생각하면 머릿속은 더 복잡해지고, 어딘가를 정리하려는 시도는 몇 시간 만에 지쳐 중단되기 일쑤다. 그 이유는 '정리를 너무 거창하게 시작하려고 하기 때문'이다. 우리가 정리해야 하는 것은 '삶 전체'가 아니라, 단 하나의 공간이다. 그리고 그 공간은 우리의 감정과 깊게 연결되어 있다. 정리는 심리적인 정돈을 의미한다. 집이 어지럽다는 건 삶이 어수선하다는 것이고, 정리된 공간은 곧 우리의 마음이 정돈되기 위한 출발점이 된다.

실제로 우울감을 겪는 사람들에게도 '정리하기'는 아주 효과적인 자기 회복 루틴으로 활용된다. 이유는 간단하다. 정리는 '보이는 변화'를 만들어내기 때문이다. 삶이 아무리 바뀌지 않더라도, 눈앞의 공간 하나를 바꾸는 것만으로도 우리는 심리적 통제감을 되찾는다. 아주 작은 공간, 아주 짧은 시간만으로도 우리는 달라질 수 있다. 그럼 이제, 어디서부터 정리해야 할까?

1. 침대 옆 협탁

아침에 눈을 뜨고, 밤에 잠들기 전 가장 먼저 보는 공간이다. 충전기, 컵, 리모컨, 책, 잡동사니가 쌓여 있다면, 하루의 시작과 끝이 복잡해진다. 이 공간을 비워내고, 오직 '하루를 시작하고 마무리하는 데 필요한 물건'만 두자. 수면의 질까지 바뀌는 것을 경험할 수 있다.

2. 책상 위

생산성과 직결되는 공간이다. 정리되지 않은 책상은 우리의 뇌를 분산시키고, 집중력을 흐린다. 불필요한 메모, 안 쓰는 펜, 정체불명의 종이들이 방해된다면 과감히 버려야 한다. 책상은 창의성이 발휘되는 무대이자, 집중의 중심이다. 이 공간을 깔끔히 비우는 것만으로도 업무 효율이 달라진다.

3. 옷장과 서랍

매일 입는 옷은 정해져 있다. 1년 동안 한 번도 입지 않은 옷이라면, 앞으로도 입지 않을 가능성이 높다. 계절마다 정리하고, 입는 옷만 남겨 놓자. '고민하지 않아도 되는 선택'이 많아질수록 우리의 에너지는 중요한 일에 더 집중된다.

4. 현관과 신발장

외출의 시작과 귀가의 마지막을 맞이하는 공간이다. 이 공간이 복잡하면 하루가 복잡하게 시작되고, 피곤하게 끝난다. 신지 않는 신발은 과감히 정리하고, 계절별로 필요한 신발만 눈에 보이게 정리하자. 작지만 감정 회복에 매우 효과적인 공간이다.

5. 화장대, 욕실 선반

자기 자신을 돌보는 공간이다. 유통기한이 지난 화장품, 사용하지 않는 미용 도구, 쓰지 않는 스킨 케어 제품이 가득하다면 나는 내 자신을 제대로 대하고 있지 않다는 메시지가 될 수 있다. 화장대와 욕실은 '나를 대하는 태도'가 반영되는 공간이다. 매일 사용하는 물건만을 눈에 보이게 정리하자.

정리는 단지 청소가 아니다. 정리는 나를 돌보는 일이다. 우리는 '보이는 정리'를 통해 '보이지 않는 감정'을 다루고, 다시 삶의 흐름을 회복할 수 있다. 정리라는 행동은 삶을 개선하는 가장 빠르고 가벼운 도전이 될 수 있다. 하루에 10분이면 충분하다. 단 하나의 공간만 바꿔보자. 시선이 자주 닿는 공간, 손이 자주 가는 물건부터 시작하자. 그리고 그 변화의 에너지를 내 삶 전체로 확장해 나가자. 마음이 무너졌을 때 공간부터 정리하라는 말은 단순한 미신이 아니다. 우리는 매일 내 공간을 정돈하는 습관 속에서 내 삶을 스스로 이끌어간다는 감각을 회복하게 된다. 정돈된 삶은 거창한 변화가 아니라, 작고 반복적인 정리에서 시작된다.

PART 2 QUICK RUN

계절, 음식, 감정 속에서 감각을 회복하라

우리는 하루하루를 살아내기에 바쁘다. 출근하고 일하고, 쉴 틈 없이 다음 할 일을 생각하며 움직인다. 그렇게 정신없이 보내다 보면 어느새 계절은 바뀌어 있다. 봄이었나 싶었는데, 어느새 반팔 티셔츠를 꺼내 입고 있다. 문제는 이것이다. 우리는 계절을 '지나쳐 보낼' 줄만 알지, '느끼며' 살지 않는다. 삶의 리듬이 무너졌다고 느낄 땐, 다시 감각을 회복해야 한다. 그 시작은 사소해 보이지만 가장 기본적인 것들이다. 계절, 음식, 감정. 이 세 가지는 우리 몸과 마음의 리듬을 회복하는 데 직접적으로 영향을 준다.

계절을 느끼는 루틴을 만들어라

계절을 의식하며 사는 사람은 감정 소모가 덜하다. 자연의 흐름과 함께 움직이기 때문이다. 계절마다 환경이 바뀌면 몸의 컨디션도, 마음의 리듬도 영향을 받는다. 봄에는 햇살을 받으며 산책하고, 여름에는 해가 길어진 만큼 하루 계획을 다르게 잡는다. 가을에는 수면 루틴을 재정비하고, 겨울에는 실내 루틴을 강화한다.

1. 계절 변화에 따라 스케줄을 미세 조정해보자
2. 출퇴근 길, 계절의 변화에 주목하며 걷는 시간을 만들자
3. 휴대폰보다 창밖을 먼저 보는 루틴을 만들어보자

음식은 '감각을 깨우는 수단'으로 활용하라

우리는 보통 배고플 때 먹는다고 생각하지만, 감각 회복을 위해서는 '내가 무엇을 먹고 있는가'를 인식하는 식사가 필요하다. 특히 계절의 재료로 만든 따뜻한 음식은 신체적인 회복은 물론 정서적인 안정에도 효과가 있다. 음식을 준비할 때는 영양소뿐 아니라 '계절감'도 고려하자.

1. 봄에는 신선한 채소와 과일로 몸의 컨디션을 회복한다
2. 여름에는 수분이 많은 식단으로 피로를 줄이고 집중력을 높인다
3. 가을에는 제철 뿌리채소와 곡물로 에너지를 보충한다
4. 겨울에는 따뜻한 국물 음식으로 몸과 마음을 데운다

중요한 건, '무엇을 먹느냐'보다 '어떻게 먹느냐'다. 빠르게 먹는 식사, 습관적으로 집어먹는 음식이 아니라, 내가 지금 어떤 음식을 먹고 있고, 그 맛이 어떤지를 인식하는 것 자체가 감각을 되살리는 연습이다.

감정을 외면하지 말고 관찰하라

계절이 바뀌면 기분도 달라진다. 날씨, 온도, 빛의 변화가 감정에 영향을 주는 것은 당연한 일이다. 그런데 우리는 그것을 무시하거나, 단순한 기분 변화로 치부한다. 감정은 관리가 필요한 정보다. 감각이 무뎌지면 스트레스가 쌓이고, 일상이 둔해지고, 결국 의욕이 사라진다.

1. 오늘 하루, 어떤 감정이 가장 많이 떠올랐는지를 스스로에게 물어보자
2. 내가 가장 기분 좋았던 순간은 언제였는지를 메모해보자

이런 감정의 기록은 MBTI에서 F 수치(공감 수치)가 높은 사람의 단순한 감성 일기가 아니다. 자기 이해의 데이터가 된다. 내가 어떤 환경에서 에너지를 잃고, 언제 감정적으로 회복되는지를 파악하게 되면 루틴 조정이 가능하다.

결국, 감각을 회복하는 건 아주 작은 루틴의 차이다.
우리는 대단한 변화가 아니어도, 일상에서 감각을 회복할 수 있다.

1. 아침 햇살을 받으며 5분 정도 커튼을 열고 앉아 있기
2. 계절 바뀜에 따라 옷장 정리를 한 번 해보는 것
3. 한 끼라도 내가 직접 고른 재료로 식사 준비해보기
4. 나에게 감정적으로 좋은 영향을 주는 음악을 플레이리스트로 만들어

두기

이런 사소한 실천이 쌓이면 삶이 정돈된다. 감각을 회복하면 에너지가 돌아온다. 에너지가 회복되면 다시 도전할 수 있는 힘이 생긴다. 감각은 사치가 아니라 전략이다. 지금 당신이 가장 자주 무시하는 감각은 무엇인가? 지금 이 계절, 지금 이 감정, 지금 이 식사 한 끼에 집중해보라. '평균 이상'은 거창한 성취에서 오는 것이 아니라, 이 작은 루틴의 회복에서 시작된다.

PART 2 QUICK RUN

지금 이 순간을
온전히 살아내는 연습

    우리는 매일 아침 눈을 뜨고부터 잠들기 전까지 수많은 정보와 일정을 오가며 살아간다. 해야 할 일은 끝없이 늘어나고, 한 번도 제대로 '현재'에 집중하지 못한 채 하루가 지나간다. 바쁘게 살고 있는데도 이상하게 공허하고, 충분히 노력하고 있는데도 성취감을 느끼지 못하는 이유는 단 하나다. 지금 이 순간을 '제대로 살아내지' 못하고 있기 때문이다. 평균 이상의 삶을 만든다는 건 거창한 성공을 의미하지 않는다. 오히려 작은 하루를 충실히 살아내는 힘에서 출발한다. 지금 여기, 이 순간에 온전히 몰입하는 삶. 이것이 결국 장기적인 성과와 깊이 있는 만족으로 연결된다.

    그렇다면 우리는 어떻게 '지금 이 순간'을 살아낼 수 있을까? 특별한 기술이 필요한 건 아니다. 단지 잠시 멈추어, 내가 지금 이 자리에 있다는 것을 인식하는 것부터 시작하면 된다. 아래의 연습들은 실천하기 쉬우면서도 효과가 강력하다.

하루 중 단 1분이라도 '멈춤의 시간'을 정하라

아침 출근 전, 점심을 먹고 나서, 저녁 샤워 후… 하루 중 단 1분이라도 정해 '아무것도 하지 않는 시간'을 만들어보자. 이 1분 동안은 스마트폰도, 말도, 생각도 멈추고 그저 나의 숨결과 몸의 감각에 집중한다. 이 짧은 정지의 루틴이 하루 전체의 리듬을 바꾸는 데 큰 역할을 한다. 이 멈춤이 익숙해지면 불필요한 걱정이 줄고, 생각이 명료해지며, 감정이 가라앉는 것을 경험하게 된다.

나만의 루틴에 집중하는 시간을 확보하라

우리는 '해야 할 일'에 시간을 뺏기기 일쑤다. 그래서 오히려 '하고 싶은 일'을 짧게라도 루틴으로 고정해보자. 하루에 10분 만이라도 내가 좋아하는 활동—산책, 스트레칭, 차 마시기, 책 읽기, 음악 듣기 등—에 온전히 집중하는 시간을 만든다. 이 시간은 단순한 휴식이 아니다. 외부 자극으로부터 나를 보호하고, 내면의 리듬을 회복시키는 '정서적 방패' 역할을 한다.

습관적으로 '지금 이 순간'에 주의를 기울여라

아침에 눈을 떴을 때, 출근길 지하철에서, 점심을 먹을 때, 샤워할 때….

우리는 무수히 많은 순간을 자동으로 소비한다. 그중 단 3초라도 의식적으로 '내가 지금 무엇을 하고 있는지'에 집중해보자. "지금 이 커피 향이 좋다.", "지금 이 대화가 따뜻하다." 이런 단순한 인식만으로도 뇌는 '현재'에 몰입하게 되고, 마음은 놀라울 만큼 고요해진다.

하루의 작은 감정을 정리하는 질문을 던져라

하루의 끝에는 단 한 가지 질문만 스스로 생각해보자. "오늘 나를 가장 기분 좋게 만든 순간은 언제였지?" 그 감정을 떠올리는 것만으로도 우리는 하루의 가치를 회복할 수 있다. 꼭 글로 남기지 않아도 된다. 눈을 감고 생각만 해도 좋다. 중요한 건, 내가 오늘을 살아냈다는 사실을 스스로 확인하는 것이다.

물리적인 공간에 현재를 심어라

정리된 방, 정돈된 책상, 깨끗한 식탁… 이런 공간은 단순히 '보기 좋은 것' 이상의 의미가 있다. 공간은 나의 마음 상태를 반영한다. 아침에 일어난 후 이불을 정돈하거나, 식사를 마친 뒤 식탁을 치우는 단순한 행동이 우리의 삶에 '정리된 감정'을 불러온다. 공간을 정리한다는 건 '지금 여기'에 내가 있다는 강력한 선언이다.

지금 이 순간을 살아낸다는 것은 단순히 멋있게 보이는 철학이 아니다. 실제로 삶을 바꾸는 가장 현실적인 방법이다. 지금 집중하지 못하면, 앞으로도 계속 '과거를 후회하거나 미래를 불안해하는 삶'에서 벗어날 수 없다. 하지만 매일의 순간들에 주의를 기울이고, 나의 루틴을 하나씩 지켜낸다면, 우리는 오늘이라는 하루를 온전히 살아낼 수 있다. 그리고 그것이 바로, 평균 이상의 삶을 살아가는 사람들의 공통된 태도다. 미래의 성공보다 중요한 건 지금의 몰입이다. 오늘을 충분히 살아낸 사람만이, 내일도 자신 있게 맞이할 수 있다.

3부 삶의 태도

9장 성공하는 사람들의 루틴은 어떻게 다른가
10장 나를 성장시키는 관계와 연결의 힘
11장 삶을 리셋하고 싶은 순간, 다시 시작하는 법
12장 평균 이상을 완성하는 삶의 태도

내 인생은 내가 정한다!

사람은 누구나 흔들릴 수 있다. 다만 흔들리는 순간에 어떤 태도를 선택하는가가 그 사람의 삶을 결정짓는다. 3부에서는 실행을 유지하는 루틴의 힘, 관계에서 배우는 성장, 슬럼프에서 다시 걷는 힘, 그리고 나답게 살아내는 법에 대해 이야기한다.

결국 삶은 선택의 연속이고, 태도의 총합이다. 오늘의 당신이 어떤 태도를 택하느냐가, 내일의 삶을 바꿀 것이다.

9장

성공하는 사람들의 루틴은 어떻게 다른가

성공은 우연이 아니라 습관이다.

_ 아리스토텔레스

아침이 달라지면, 하루가 달라진다. 하루가 달라지면, 삶 전체가 달라진다. 이 단순한 진리를 진심으로 이해하고 실천하는 사람들은 공통적으로 말한다. "내가 바뀐 건, 아침이 달라진 순간부터였다." 누구나 아침을 맞이하지만, 모든 아침이 같은 가치는 아니다.

PART 3·LIFE'S ATTITUDE

아침을 다르게 시작하는 사람들의 비밀

어떤 사람은 피곤한 눈을 비비며 급하게 출근 준비를 하고, 또 어떤 사람은 알람을 연속으로 끄다 지각 위기에 처한다. 하지만 누군가는 여유롭게 물을 마시고, 자신이 세운 루틴에 따라 조용히 자신을 깨운다. 이 차이는 단순한 '부지런함'의 문제가 아니다. 바로 삶을 설계하는 '태도'의 차이다. 아침을 다르게 시작하는 사람들의 비밀은, 아침이란 하루의 시작이 아니라 인생의 주도권을 회복하는 시간이라는 것을 알고 있다는 데 있다. 하루를 어떻게 시작하느냐는 단순히 일정 관리가 아니라, '오늘의 나를 어떻게 대할 것인가'에 대한 태도를 결정짓는다.

아침을 무너진 채 시작하면 하루 내내 흐트러진 기분으로 살게 된다. 반면, 아침에 단 몇 가지 루틴이라도 의식적으로 실행하면 그날의 자신은 스스로가 생각한 것보다 훨씬 더 안정적이고 주도적인 사람으로 살아가게 된다. 이들은 아침이라는 '순수한 시간'을 다른 어떤 시간보다 가치 있게 여긴다. 아침은 외부의 요청이 닿지 않고, 누구의 감정도 영향을 끼치지 않으며, 아직 아무 일도 벌어지지 않은 온전한 시간이다. 이 시간만큼은 온전히 나 자신을 위해 쓸 수 있는 귀한 기회다. 그 귀중한 시간을 그저 핸드폰 알

림에 뺏기고, 아무 의식 없이 습관처럼 넘기기엔 너무 아깝지 않은가? 아침을 다르게 시작하는 사람들은 '자기 인식의 시간'을 확보한다. 일어나자마자 나의 몸 상태, 기분, 생각을 점검하고, 오늘 무엇을 가장 중요하게 여기고 싶은지를 설정한다. 이 단순한 확인 하나가 삶 전체의 방향을 바꿔놓는다. 우리는 하루에도 수십 번 흔들리고 방향을 잃는다. 하지만 아침에 단단히 정리된 생각과 의도는 그 하루의 중심을 잡아준다.

또 하나의 비밀은 '작은 습관을 루틴으로 발전시키는 힘'이다. 이들은 처음부터 완벽한 루틴을 갖춘 것이 아니다. 단 5분이라도 명확한 루틴을 실천하면서 자기효능감을 쌓는다. 예를 들어 기상 후 물 한 잔 마시는 루틴 하나만으로도 나 자신을 돌보고 있다는 감각을 갖게 된다. 그리고 그것이 다시 자신에 대한 신뢰를 만든다. 신뢰는 또 다른 실천으로 이어진다. 이것이 바로 아침 루틴이 우리 삶을 바꾸는 선순환의 시작점이다. 무엇보다 중요한 것은 '작은 것을 대하는 태도'에 있다. 이들은 아침 10분을 가볍게 넘기지 않는다. 그 10분에 담긴 의미를 안다. 어제보다 나은 내가 되기 위한 첫걸음이 바로 그 10분이라는 걸 믿는다. 그리고 그 믿음 위에 하나씩 쌓아 올린 루틴은 결국 인생의 체력을 만들어준다. 매일 반복하는 사소한 루틴은 위기 속에서 나를 버티게 하는 근력이 되며, 흔들릴 때 중심을 잡아주는 기준이 된다.

하루를 살다 보면 우리는 수없이 많은 사람들을 만나고, 관계 속에서 수많은 감정과 에너지를 주고받는다. 그러다 보면 정작 자신은 가장 마지막으로 밀려나곤 한다. 하지만 아침 시간만큼은 예외다. 이 시간만큼은 세상 그 누구보다 나 자신을 먼저 챙기고 돌볼 수 있는 시간이다. 그래서 이들의 루틴은 복잡하지 않다. 단순하고 반복 가능하며, '나를 위한 시간'이라는 본질을 지킨다. 어떤 사람은 아침에 커피를 내리며 좋아하는 음악을 듣는다. 어떤 사람은 10분간 글을 쓴다. 또 어떤 사람은 요가 매트 위에서 몸을 가볍게 움직인다. 루틴의 내용이 중요한 게 아니다. 핵심은 '내가 이 시간을 나를 위해 의도적으로 선택했다'라는 태도다. 그 태도가 하루의 결을 바꾸고, 결국 삶의 방향을 바꾼다.

아침 루틴을 만들고 싶은가?

그럼 거창한 계획부터 세우지 말고, 단 하나의 행동만 정해보자. '기상 후 물 마시기', '오늘의 할 일 1개 적기', '5분간 좋아하는 책 읽기'와 같이 부담 없이 할 수 있는 것으로 시작하자. 그리고 그것을 3일만 유지해보자. 루틴은 실천을 통해 다듬어진다. 정답을 찾아 헤매기보다, 시행착오 속에서 나만의 방식을 찾는 것이 더 현실적이다. 아침을 다르게 시작하는 사람들은 완벽하지 않다. 다만, 삶을 나름대로 진지하게 설계하고 싶은 의지를 가진 사람일 뿐이다.

이들은 아침이라는 시간을 통해 하루의 리듬을 정리하고, 자신만의 중심을 잡는다. 누군가는 여전히 아침을 '귀찮은 시간', '일어나기 싫은 시간'으로 생각하겠지만, 이들은 그 시간을 '기회를 만드는 시간', '나를 정비하는 시간'으로 인식한다. 이 인식의 차이가 결국, 평균 이상의 차이를 만들어낸다.

아침은 하루 전체의 품질을 결정짓는 프롤로그다. 그 프롤로그를 어떻게 쓰느냐에 따라 삶의 방향도, 리듬도 달라진다. 이제 당신에게도 그 질문을 던져보자. "당신의 아침은 누구를 위한 시간인가?" 하루 중 가장 순수한 이 시간만큼은 당신 자신을 위해 써도 된다. 아니, 오히려 당신 자신을 위해 써야만 한다.

PART·3·LIFE'S ATTITUDE

의욕이 사라지는 날, 어떻게 회복할 것인가

의욕이 넘치는 날만 기다리다 보면, 아무것도 하지 못한 채 하루가 지나간다. 우리는 모두 알고 있다. 모든 날이 완벽할 수 없고, 모든 순간이 에너지로 가득 찰 수는 없다는 것을. 하지만 사람들은 '오늘은 왜 이렇게 하기 싫지?', '왜 이리 무기력하지?'라며 스스로를 자책하고, 그런 날을 실패한 하루로 낙인찍는다. 그러나 평균 이상의 삶을 살아가는 사람들은 이런 날조차도 '하루의 일부'로 받아들이고, 그 안에서 자신만의 복구 전략을 발동시킨다. 의욕이 없다고 해서 내가 멈춘 존재가 되는 건 아니다. 중요한 건, 그 무기력함을 어떻게 다루느냐이다.

성공하는 사람들은 공통적으로 말한다. 자신이 특별해서가 아니라, 자신만의 회복 루틴이 있어서 다시 일어설 수 있었다고. 의욕이 넘치는 날보다, 의욕이 없는 날을 어떻게 견디고 다시 복구하는지가 훨씬 중요하다. 우리는 하루하루를 그저 '평범한 날'로 살아가기 때문이다. 의욕이 없는 날은 생각보다 자주 찾아온다. 피곤해서일 수도 있고, 갑작스러운 감정의 침체일 수도 있고, 어떤 날은 이유조차 없다. 그래서 더더욱 '기분이 아닌 기준으로 움직이는 연습'이 필요하다. 그런 날들을 무조건 극복해야 한다는 말이 아니다. 다만, 그런 날에도 나를 지킬 수 있는 최소한의 구조를 만들어 놓자는 이야기다. 의욕은 늘 일정하지 않지만, 루틴은 내가 의도적으로 만들 수 있다. 작은 루틴 하나가 무너질 뻔한 하루를 다시 일으킨다. 의욕이 없을 때 가장 먼저 할 일은, 나의 루틴을 다시 꺼내는 것이다.

루틴의 강약을 조절하라

완벽한 루틴을 지키려는 태도는 오히려 의욕이 없을 때 나를 더 지치게 만든다. 그래서 이런 날엔 루틴의 '미니 버전'을 준비해두는 것이 좋다. 평소에 1시간 운동을 한다면, 오늘은 10분 산책만 하자. 매일 다이어리에 하루를 기록했다면, 오늘은 한 줄만 써도 괜찮다. 중요한 건 '루틴의 완성'이 아니라 '리듬을 이어가는 감각'이다. 내가 하루를 완전히 포기하지 않았다는 그 감각이, 다음 날을 다시 살아가게 만든다.

감정 회복 리스트를 만들어두자

감정이 무너질 때마다 무작정 SNS를 뒤적이거나 의미 없는 영상만 보다가 하루가 지나가는 경험, 누구나 한 번쯤 해봤을 것이다. 이런 날을 대비해 '나를 다시 웃게 만드는 리스트'를 미리 작성해보자. 좋아하는 향을 맡기, 반려식물 물 주기, 햇살 드는 자리에 앉아 커피 마시기, 손으로 무언가 만들기, 좋아하는 노래 따라 부르기. 이런 작은 행동들이 무기력함을 조금씩 걷어낸다. 리스트를 만들어두면 기분이 다운될 때 내가 뭘 하면 좋은지를 고민하지 않아도 된다.

감정을 억누르지 말고, 인정하라

"왜 이렇게 의욕이 없지?"
"나 왜 이렇게 무기력하지?"

이런 질문은 결국 자책으로 이어진다. 그보다는 이렇게 말해보자.

"아, 오늘은 그냥 에너지가 낮은 날이구나."
"지금 내 감정이 나에게 쉬어야 한다고 말해주고 있구나."

감정을 인정하면, 이상하게도 그 감정에 휘둘리지 않게 된다. 감정은 억누를수록 커지고, 받아들일수록 작아진다. 감정의 크기를 키우지 말고, 자연스럽게 흘려보내자.

나를 일으키는 문장을 준비하라

기분이 바닥일 때, 우리는 누군가의 말 한마디에 크게 위로받는다. 그렇다면 스스로를 위로할 수 있는 문장을 하나 만들어보자.

"지금 멈춘 게 아니라, 쉬는 중이야."
"조금씩 가더라도 나는 멈추지 않아."
"이것도 내 삶의 일부야."

이 문장은 단순한 문장이 아니라, 나를 복구시키는 '신호'다. 다시 시작해야 할 타이밍을 알려주는 나만의 호출 버튼인 셈이다.

회복 루틴을 하나 정해두자

회복 루틴은 의욕이 바닥일 때 꺼내는 구조화된 행동이다.

1. 커튼을 열고 햇빛을 쐬기
2. 따뜻한 물로 세수하기
3. 차 한 잔을 내리기
4. 좋아하는 음악을 틀어놓기
5. 오늘 하고 싶은 일 한 가지를 메모하기

이 과정을 15분 내외로 반복한다면, 어느새 몸과 마음이 다시 정돈되는 것을 느낄 수 있다. 이 루틴은 복잡할 필요 없다. 단순하고, 반복 가능해야 한다. 무엇보다 '나에게 맞는' 루틴이어야 한다. 누군가에게 좋은 루틴이 나에게는 오히려 부담이 될 수 있다.

중요한 건 완벽함이 아니라 지속 가능성이다. 평균 이상의 삶을 사는 사람들은 감정을 컨트롤하는 사람이 아니다. 다만, 감정에 함몰되지 않도록 자신만의 장치를 만들어두는 사람이다. 루틴은 그 장치가 된다. 오늘 의욕이 바닥이라면 괜찮다. 다만, 루틴만은 놓치지 말자. 하루 1%라도 앞으로 나아가는 삶, 당신도 그 삶을 만들 수 있다.

PART·3·LIFE'S ATTITUDE

에너지를 끌어올리는 루틴을 활용하라

우리는 흔히 의욕이 있으면 뭐든 할 수 있다고 생각한다. 하지만 더 정확하게 말하면, 의욕은 에너지에서 나온다. 에너지가 없으면 의욕도 없고, 집중력도 떨어지고, 어떤 일도 손에 잡히지 않는다. 그리고 어느 순간, "나는 왜 이렇게 의욕이 없을까?" 자책하게 된다. 사실 우리 삶의 많은 문제는 '의지 부족'이 아니라 '에너지 부족'에서 비롯된다. 지금 내가 너무 피곤하고, 자꾸 미루게 되고, 아무것도 하고 싶지 않다면, 가장 먼저 점검해야 할 것은 내가 에너지를 충분히 충전하고 있는가이다.

에너지는 저절로 생기지 않는다. 의지가 아무리 강해도, 체력이 바닥이면 버틸 수 없다. 그래서 '평균 이상'의 삶을 살아가는 사람들은 자신만의 에너지 관리 루틴을 가지고 있다. 이 루틴은 단순히 운동이나 식단에만 국한되지 않는다. 그들의 하루에는 에너지를 채우는 수많은 작은 구조들이 숨어 있다.

에너지를 관리하는 루틴이란, 내 몸과 마음을 날마다 최적의 상태로 유지하기 위한 반복 가능한 구조다. 이것이 없으면 우리는 쉽게 무너지고, 쉽게 지친다. 그럼 어떻게 하면 내 삶 속에 '에너지 루틴'을 만들 수 있을까?

'에너지 누수'를 점검하라

무엇보다 먼저 해야 할 일은 에너지를 채우는 것보다 에너지를 새게 하는 요인을 줄이는 것이다. 아무리 충전해도 계속 샌다면, 아무 소용이 없다. 당신의 하루에서 불필요하게 에너지를 낭비하고 있는 지점을 체크해보자.

1. 하루 종일 스마트폰을 손에 들고 있지는 않은가?
2. 불필요한 인간관계에 감정을 소모하고 있지 않은가?
3. 의욕 없는 상태에서 억지로 여러 가지 일을 동시에 하며 지치고 있지 않은가?
4. 계속 뇌를 분산시키는 알림, 뉴스, 유튜브에 노출되어 있지 않은가?

이런 것들은 눈에 보이지 않지만, 우리가 느끼는 '이상한 피로감'의 주범이다. 나는 아무것도 하지 않았는데도 피곤하다면, 에너지가 새고 있다는 신호다. 내가 머무는 환경, 사용하는 도구, 반복되는 습관 중에 '나를 지치게 만드는 것들'을 정리하는 것만으로도 에너지의 흐름은 달라진다.

하루의 기본 에너지 루틴을 설정하라

사람마다 에너지를 끌어올리는 방식은 다르지만, 대체로 다음 세 가지 루틴은 모든 사람에게 효과적이다.

1. 수면 루틴

수면은 최고의 에너지 충전기다. 늦게 자고 늦게 일어나면 리듬이 깨지고, 리듬이 깨지면 집중력도, 기분도 망가진다. 수면 루틴을 만드는 핵심은 일정한 기상/취침 시간이다. 어떤 일이 있어도 일정 시간에 자고 일어나는 것만으로 에너지 밀도가 달라진다.

2. 식사 루틴

아침을 거르고 점심에 급하게 먹고, 저녁에는 배달 음식으로 때우는 식습관은 에너지를 고갈시킨다. 적절한 시간에 가볍게라도 식사하고, 자극적이지 않은 음식을 챙겨 먹는 것만으로도 컨디션이 달라진다. 꼭 다이어트가 목적이 아니더라도, 건강한 식사는 건강한 에너지의 기본이다.

3. 활동 루틴

하루에 10분이라도 몸을 움직이면 에너지가 돌아온다. 스트레칭, 산책, 가벼운 근력 운동. 어떤 것도 좋다. 중요한 건 무리하지 않으면서도 매일 반복할 수 있는 수준의 루틴을 만드는 것이다. 에너지는 운동할 때 나오는 것이 아니라, 운동 후 회복 과정에서 만들어진다.

에너지 회복을 위한 '미니 루틴'을 만들어라

우리는 늘 좋은 컨디션을 유지할 수 없다. 그래서 지쳤을 때 나를 회복시킬 수 있는 미니 루틴이 필요하다. 이 루틴은 5분~15분 정도면 실천할 수 있는 아주 작고 구체적인 구조여야 한다. 예를 들어, 이런 루틴을 만들어볼 수 있다.

1. 눈이 침침할 때 → 창밖 보기 + 가벼운 스트레칭 3분
2. 마음이 산만할 때 → 책상 정리 + 집중 음악 1곡 듣기
3. 기분이 가라앉을 때 → 따뜻한 차 한 잔 + 창문 열고 환기
4. 의욕이 없을 때 → 오늘 할 일 중 가장 쉬운 것 1개부터 시작

이런 루틴은 습관이 되면, '나의 컨디션을 일정하게 유지해주는 자동 장치'가 된다. 하루를 완전히 바꾸지 못하더라도, 최소한 무너지는 걸 막아주는 역할을 한다.

나만의 에너지 충전법을 찾아라

사람마다 에너지가 충전되는 방식이 다르다. 어떤 사람은 조용한 공간에서 책을 읽을 때 에너지가 충전되고, 어떤 사람은 사람들과 수다를 떨 때 에너지가 충전된다. 중요한 건 내게 맞는 방식이 무엇인지 파악하는 것이다.

1. 나는 혼자 있는 시간이 필요할 때 어떤 공간에 머무는가?
2. 나는 어떤 대화, 어떤 사람과 함께 있을 때 기분이 좋아지는가?

3. 나는 무엇을 할 때 나도 모르게 시간 가는 줄 모르고 몰입하는가?

이런 질문을 통해 나만의 에너지 충전 공식을 찾자. 그리고 그 공식을 내 하루 루틴 안에 배치하자. 예를 들어, 매주 금요일 저녁에는 조용한 카페에서 글을 쓰는 시간, 매일 점심에는 좋아하는 유튜브 채널 10분 보기, 매주 1회는 산책하기 등. '나만의 충전 스위치'를 켜는 루틴이 생기면 지치지 않고 계속 앞으로 갈 수 있다.

사람으로부터 에너지를 얻는 법

에너지는 사람에게서도 온다. 중요한 건 어떤 사람이 '에너지 충전'이 되는 사람인지 구분할 줄 아는 것이다. 어떤 사람은 만난 뒤 더 피곤해지고, 어떤 사람은 짧은 대화만 나눠도 기분이 좋아진다.

1. 에너지가 높은 사람과 자주 만나기
2. 부정적인 대화를 반복하는 사람과는 거리를 두기
3. 함께 있을 때 '나 자신을 더 사랑하게 만드는 사람'을 곁에 두기

평균 이상의 삶을 사는 사람들은 사람을 잘 선택한다. 내 인생에 에너지를 주는 사람을 중심으로 관계를 정리하고, 그들과의 시간을 루틴처럼 꾸준히 만든다. 관계도 루틴이 될 수 있다. 그 루틴은 우리가 지칠 때마다 다

시 일어서게 만든다.

에너지는 '루틴'으로 관리된다

우리는 에너지가 넘치는 날을 기다리는 대신, 에너지를 꾸준히 유지하는 구조를 만들어야 한다. 하루하루 쌓이는 습관, 반복되는 루틴, 자신만의 충전 공식이 모이면, 우리는 항상 어느 정도의 에너지를 유지한 채 살아갈 수 있다. 그 공식이 바로 '무너지지 않는 힘'이고 자산이다. 일도, 관계도, 도전도, 성장도 모두 에너지를 기반으로 한다. 그래서 '평균 이상'은 거창한 실행이 아니라, 하루의 에너지를 지키는 루틴에서 시작된다. 오늘, 당신의 에너지를 위한 루틴을 점검해보자. 그것이 곧 당신의 삶을 바꾸는 시작이다.

PART 3 LIFE'S ATTITUDE

지치지 않고
꾸준히 실행하는 전략

누군가에게 이런 말을 들은 적이 있다. "와, 너는 어떻게 그렇게 꾸준하게 해?" 그 질문은 칭찬처럼 들리기도 했지만, 동시에 나 스스로를 돌아보게 하는 질문이 되기도 했다. 나는 정말 꾸준한 사람인가? 아니면 꾸준한 척을 잘하는 사람일 뿐일까?

생각해보면 나는 완벽하게 꾸준한 사람은 아니었다. 매일 의욕에 불타는 것도 아니었고, 모든 계획을 칼같이 지킨 적도 많지 않다. 때로는 미루고, 때로는 포기하고, 어떤 날은 아무것도 하지 못한 채 하루를 보낸 적도 있다. 하지만 확실한 건 있었다. 그 모든 과정을 겪고 나서도, 나는 '다시 돌아오는 사람'이라는 것이다.

꾸준함이란 무엇일까? 하루도 빠지지 않고 계획을 지키는 걸까? 아니면 어떤 상황에서도 멈추지 않고 앞으로 나아가는 것일까? 내가 내린 결론은 이렇다. 꾸준함이란, '다시 돌아오는 힘'이다. 잠시 멈췄더라도, 다음 날 다시 시작할 수 있다면 우리는 꾸준한 사람이다. 그렇다면 지치지 않고 꾸준함을 유지하려면 어떤 전략이 필요할까? 의지만으로는 부족하다. 누구나 의지를 가지고 시작하지만, 결국 멈추는 이유는 시스템이 없기 때문이다.

여기서는 내가 직접 실천하며 검증한 '꾸준함을 위한 전략'을 정리해보고자 한다.

꾸준함은 '의지'가 아니라 '시스템'에서 나온다

우리는 흔히 '꾸준함=의지력'이라고 생각한다. 하지만 의지는 소모성 자원이다. 감정이 좋을 때는 무언가를 쉽게 시작할 수 있지만, 피곤하거나 스트레스를 받으면 의지는 빠르게 바닥난다. 그래서 꾸준함은 의지에 의존해서는 안 된다. 대신 '시스템'을 만들어야 한다. 시스템이란, 내가 별다른 고민 없이 자동적으로 움직일 수 있도록 만드는 구조다. 예를 들어 아침에 일어나자마자 운동을 하겠다는 의지는 쉽게 무너진다. 하지만 전날 밤, 운동복을 침대 옆에 미리 꺼내두고, 운동화는 현관 앞에 놔두고, 운동 앱 알람을 맞춰두는 구조를 만들어둔다면 아침에 눈을 뜨는 순간, 운동을 할지 말지에 대한 고민을 하지 않아도 된다. 이미 움직일 수밖에 없는 환경이 세팅되어 있기 때문이다.

꾸준함을 위한 시스템 3단계

1. 시작 루틴을 정해라
예) "아침 7시에 일어나자마자 물 한 잔 → 바로 5분 스트레칭"

2. 결정 피로를 줄여라
예) "운동복은 항상 같은 자리에, 해야 할 일은 전날 밤에 미리 정리"

3. 실행을 유도하는 환경을 만들어라
예) "핸드폰을 손에 닿지 않는 곳에 두고, 루틴 도구는 눈앞에 두기"

4. 실행을 방해하는 감정은 구조로 막아야 한다
우리는 종종 감정 때문에 무너지곤 한다.

"귀찮아.", "피곤해.", "의욕이 안 나.", "지금 이거 해봤자 뭐가 달라지겠어?" 이런 감정은 실행을 방해하는 가장 큰 적이다. 하지만 감정이 들이닥쳤다고 해서 매번 무기력에 빠질 필요는 없다. 중요한 건 감정과 행동을 분리하는 연습이다. 감정은 자동적으로 생긴다. 하지만 행동은 '선택'이다. 감정에 휘둘리지 않기 위해 '정해진 행동'을 먼저 만들어라. 예를 들어 "하기 싫어도 3분만 타이머 맞추고 시작하기." 같은 장치를 두면 감정의 영향을 줄일 수 있다.

'작게라도 실행하는 사람'이 결국 끝까지 간다

꾸준함은 거대한 목표에서 오는 것이 아니다. 오히려 작은 행동의 반복에서 비롯된다. 매일 1%라도 전진하는 사람이, 나중에는 100%의 성장을 이룬다. 이 1%의 실행을 지속하려면 '작게, 자주, 확실하게'라는 세 가지 원칙을 기억하자.

1. 작게

시작할 수 있는 가장 작은 단위로 쪼개라. '운동'이 아니라 '3분 스트레칭', '글쓰기'가 아니라 '1문장 작성'으로 쪼개면 부담이 줄고 실행 확률이 높아진다.

2. 자주

하루 10분이라도 매일 반복하면 뇌는 '이건 내가 하는 일'로 인식한다. 자주 하다 보면 습관이 되고, 습관은 생각 없이도 실행할 수 있게 만든다.

3. 확실하게

작게 했더라도 확실한 마무리를 해라. 완료 체크, 칭찬, 간단한 기록 등으로 내가 해냈다는 인식을 남기면 다음 실행으로 이어진다.

꾸준함을 위한 '루틴 구조표'를 만들어라

무작정 하겠다는 결심보다, 실행 가능한 루틴 구조표를 만드는 것이 훨씬 효과적이다. 나는 실제로 한 달 루틴 구조표를 만들어 두고, 매일 체크하며 습관을 쌓았다. 아래는 그 구조의 예시다.

루틴 구조표 (예시: 평일용)

1. 기상 시간: 오전 7시
2. 기상 후 루틴:
물 한 컵 → 스트레칭 3분 → 오늘 할 일 1가지 적기
3. 주요 실행 루틴:
아침 글쓰기 10분, 점심 산책 10분, 저녁 독서 10분
마무리 루틴: 하루 돌아보기 (3줄 일기), 다음 날 일정 정리

이 구조표를 종이에 적어두고, 한 주 단위로 체크하며 수정하면 루틴의 지속성과 성취감을 모두 잡을 수 있다.

지치지 않기 위해 '쉼의 리듬'을 함께 설계하라

지속 가능한 실행이란, '멈추지 않고 계속하는 것'이 아니다. 적절한 휴식과 충전이 함께 있어야만 꾸준함이 가능하다. 그래서 나는 '실행 루틴'과 함께 '회복 루틴'도 설계한다. 매주 하루는 온전히 쉬는 날로 정하고, 좋아하는 것만 하며 에너지를 충전한다.

회복 루틴 예시

- ✓ 산책
- ✓ 반신욕
- ✓ 친구와의 대화
- ✓ 좋아하는 영화 보기
- ✓ 공간 정리

감정 일기, 감사 일기 등 '마음을 다듬는 습관'도 회복에 도움이 된다. 쉴 때 제대로 쉬는 것도 꾸준함의 비결이다. 무조건 일만 하는 사람은 오래 가지 못한다. 지치지 않고 꾸준히 실행하는 사람은 특별한 사람이 아니다. 오히려 멈출 수도 있다는 사실을 인정하고, 그 안에서도 돌아올 수 있는 구조를 만들어둔 사람이다. 평균 이상의 삶이란, 뛰어난 재능으로 만들어지는 것이 아니라, 꾸준히 자신을 관리하고 돌아보는 사람에게 주어지는 결과다. 오늘도 완벽할 필요는 없다. 다만 한 가지라도 해내고, 다시 돌아올 수 있다면, 우리는 이미 평균 이상의 삶을 향해 걷고 있는 것이다.

10장

나를 성장시키는 관계와
연결의 힘

함께 가면 더 멀리 갈 수 있다.

_ 아프리카 속담

살면서 가장 많은 영향을 주고받는 요소 중 하나가 '사람'이다. 우리는 매일 누군가와 이야기하고, 누군가의 피드백을 듣고, 누군가의 감정에 영향을 받으며 살아간다. 좋든 싫든, 삶은 '관계'라는 그물망 안에서 이뤄진다. 그런데도 우리는 관계를 점검하지 않는다. 옷장은 계절마다 정리하면서, 인간관계는 십 년이 지나도 그대로 두고 살아간다. 관계는 리셋하지 않으면 곪는다. 처음엔 괜찮았던 관계도 시간이 지나면서 목적이 달라지고, 에너지를 앗아가는 방향으로 변질될 수 있다. 그래서 평균 이상의 삶을 살고 싶다면, 반드시 관계도 주기적으로 점검하고 정리할 필요가 있다.

PART · 3 · LIFE'S ATTITUDE

관계를 리셋해야
삶이 바뀐다

에너지를 주는 사람과, 에너지를 뺏는 사람의 차이를 구분할 수 있어야 한다. 어떤 사람과 대화를 나누면 유쾌하고 가볍다. 무언가 해낼 수 있을 것 같은 기분이 든다. 반면 어떤 사람과 이야기를 하면, 이유 없이 피곤해지고, 스스로가 부족하게 느껴지고, 자꾸만 움츠러든다. 이 두 사람의 차이는 단순한 '성격'이 아니다. 그 사람의 말투, 관점, 태도, 에너지, 삶에 대한 자세가 우리에게 영향을 미치기 때문이다. 인간관계도 결국 환경이다. 좋은 관계는 내 가능성을 확장시키고, 나쁜 관계는 내 성장을 방해한다.

인간관계는 습관이 된다

익숙하다고 해서 계속 이어가야 할 이유는 없다. 어떤 관계는 '과거의 나'에게는 필요했을지 모르지만, 지금의 나에게는 맞지 않는 관계일 수 있다. 가끔은 그 관계가 나를 과거에 붙잡아두는 족쇄처럼 작용한다. "예전부터 친구였으니까.", "같이 일했던 인연이니까.", "나를 잘 아는 사람이니까."라는 이유만으로 관계를 지속한다면, 그것은 나의 현재와 미래를 잠식할 수 있다.

관계의 수가 많다고 해서 삶이 풍요로운 것은 아니다

오히려 '관계의 질'이 삶의 질을 결정한다. 얕은 인간관계를 수십 개 유지하는 것보다, 깊이 있는 관계를 두세 개 가지는 것이 더 강력한 삶의 기반이 된다. 평균 이상의 사람들은 불필요한 관계에 에너지를 낭비하지 않는다. 대신 자신에게 의미 있는 관계에 집중하고, 그 관계를 꾸준히 관리한다. 그렇다면 어떻게 관계를 리셋할 수 있을까?

1. 관계의 감정 온도를 체크하라

사람을 만났을 때 내가 어떤 기분이 드는지 관찰해보자. 만남이 끝난 후 에너지가 솟는지, 아니면 기운이 빠지는지를 적어보는 것이다. 지속적으로 나를 지치게 하는 사람이라면, 그 관계는 조정이 필요하다.

2. 관계의 이유를 다시 점검하라

"이 관계는 지금도 나에게 도움이 되는가?", "서로에게 성장의 자극이 되는가?", "그 사람과의 대화가 나의 생각을 확장시키는가?" 이런 질문을 던져보자. 만약 대부분 'No'라면, 관계를 재설계할 시점이다.

3. 직접적인 단절이 어렵다면 거리 두기부터 시작하자

반드시 모든 관계를 끊을 필요는 없다. 단지 거리를 조절하면 된다. 연락 빈도를 줄이고, 만나는 횟수를 조절하고, 그 사람의 영향을 덜 받도록 내 일상 구조를 재정비하는 것이다. 관계는 물리적인 거리만큼 감정의 거리도 조절할 수 있다.

4. 새로운 관계의 여백을 만들어라

관계를 정리한 자리에 새로운 사람을 들일 수 있는 여백을 남겨야 한다. 이 여백은 단지 외로움을 채우기 위한 공간이 아니다. 나에게 긍정적인 영향을 줄 수 있는 사람들과 연결될 수 있는 기회의 문이다. 때로는 이 여백을 유지하는 것만으로도 마음이 훨씬 가벼워진다.

5. 관계를 리셋했다고 해서 자책할 필요는 없다

관계 정리는 나쁜 행동이 아니다. 오히려 자기 삶을 건강하게 가꾸기 위한 선택이다. 나쁜 사람을 끊어낸다는 의미가 아니라, 지금의 나에게 맞지 않는 관계를 내려놓는다는 의미다. 감정이 아니라 구조로 판단해야 한다.

6. 리셋 이후에는 의도적인 관계 설계가 필요하다

우리는 흔히 좋은 사람을 만나고 싶다고 말한다. 하지만 아무런 행동도 하지 않으면, 우연에만 기대게 된다. 평균 이상의 삶을 사는 사람들은 관계도 의도적으로 설계한다. 예를 들어, 나와 비슷한 목표를 가진 사람들과 교류할 수 있는 커뮤니티에 참여하거나, 롤 모델이 되는 사람의 강연을 듣고 피드백을 요청하거나, 정기적으로 대화할 수 있는 지적 자극이 되는 친구를 만든다. 이렇게 하나하나 쌓인 관계는 인생의 중요한 자산이 된다. 관계를 리셋한다는 건 나를 중심에 두겠다는 선언이다. 더 이상 타인의 기대에 맞춰 억지로 맞추는 것이 아니라, 나에게 진짜 필요한 관계에 집중하겠다는 선택이다.

평균 이상의 삶을 사는 사람들은 이 선택을 두려워하지 않는다. 그들은 안다. 지금의 인간관계가 1년 후의 나를 결정하고, 5년 후의 삶을 설계하고, 10년 후의 자아를 만들어낸다는 것을. 지금 당신의 곁에 있는 사람들을 떠올려보자. 그들은 당신을 앞으로 나아가게 만드는가, 아니면 자꾸만 뒤를 돌아보게 만드는가? 그들이 당신의 가능성을 확장시키는가, 아니면 움츠러들게 만드는가? 그리고 스스로에게 이렇게 질문해보자. "나는 어떤 관계 안에서 가장 잘 성장하는가?" 이 질문에 대한 답이 당신의 삶의 방향을 바꿀 것이다. 관계는 선택할 수 있다. 당신의 삶은 당신이 연결하는 사람들로 만들어진다. 그러니 지금부터 더 건강한 연결을 선택하자.

PART 3 · LIFE'S ATTITUDE

피드백을 기회로 바꾸는 사람들의 대화법

우리는 살아가며 수많은 피드백을 받는다. 친구로부터, 상사로부터, 고객으로부터, 때로는 낯선 사람으로부터. 어떤 피드백은 뼈아프게 들리고, 어떤 피드백은 가슴에 와닿지 않는다. 어떤 건 날카롭고, 어떤 건 애매하다. 그래서 사람들은 종종 피드백을 피하려고 한다. 상처받을까 봐, 기분이 나쁠까 봐, 내가 부족하다는 것을 인정하기 싫어서. 하지만 중요한 사실이 하나 있다. 성장하는 사람은 언제나 피드백을 잘 활용하는 사람이라는 것.

피드백을 무조건 수용하라는 뜻은 아니다. 오히려 중요한 건 '어떤 피드백을 어떻게 받아들일 것인가'에 대한 태도다. 피드백이 나를 깎아내리는 비판으로 느껴질지, 나를 성장시키는 자극으로 다가올지는 내가 어떤 관점으로 그것을 해석하느냐에 달려 있다.

피드백에 강한 사람은 감정보다 '메시지'에 집중한다

사람들은 피드백을 들을 때 내용보다 말투에 먼저 반응한다.

"왜 그렇게 말해?"
"그건 너무 무례한 거 아니야?"
"나를 무시하나?"

이런 감정이 앞서기 시작하면, 피드백의 본질은 사라지고 감정의 파편만 남는다. 하지만 성장하는 사람은 감정보다 '메시지'에 집중한다.

"이 사람의 말 속에 내가 놓친 부분은 없을까?"
"내가 더 나아지기 위해 들을 수 있는 말은 뭘까?"

이런 식의 질문을 스스로에게 던진다. 감정을 잠시 옆에 두고, 피드백 속에 숨어 있는 '정보'를 추출하려 한다.

피드백을 성장의 연료로 바꾸는 3단계

1단계. 감정의 파도를 넘기기
처음 피드백을 받을 때, 누구나 감정이 요동친다. 특히 부정적인 피드백일수록 자존심이 상하고, 억울함이 앞선다. 이때 바로 반응하면 오히려 대화를 망치고, 관계도 어색해진다. 이럴 땐 이렇게 말해보자. "말씀해주신 내용 잘 이해했습니다. 정리해서 다시 생각해볼게요." 감정은 흘려보내야 객관성이 생긴다. 피드백을 듣자마자 반박하거나 방어하는 사람은, 결국 피드백을 받아들이지 못한다. 감정을 관리하는 것이 피드백 수용의 첫걸음이다.

2단계. 피드백을 구조화하기

피드백을 받을 때 중요한 것은 구조화된 질문을 던지는 것이다. 예를 들어 "무조건 부족했어요."라는 말에는 아무 정보도 없다. 하지만 이렇게 물으면 피드백은 구체적인 전략으로 바뀐다.

"어떤 부분이 아쉬웠나요?"
"비슷한 상황이 또 생긴다면, 어떻게 해보면 좋을까요?"

이처럼 '행동을 수정할 수 있는 정보'를 중심으로 질문하면, 피드백은 실행 가능한 조언이 된다. 말하는 사람도 더 명확하게 정리해줄 수 있다.

3단계. 다시 확인하고 피드백을 반영하기

가장 중요한 단계는 반영이다. 피드백은 듣는 것으로 끝나지 않는다. 그것을 실제로 반영하고, 행동으로 옮길 때 그 피드백은 내 것이 된다. 그리고 그것을 다시 피드백 준 사람에게 공유하는 것까지가 진짜 마무리다. "그때 말씀해주신 덕분에 이번에는 다르게 진행해봤습니다. 결과가 훨씬 좋았어요." 이렇게 말하면, 피드백을 준 사람도 뿌듯해지고, 당신에 대한 신뢰도는 더욱 높아진다. 관계는 그렇게 단단해진다.

피드백을 잘 주는 사람과 연결되라

피드백을 받을 때 가장 큰 차이는 누구에게 듣느냐이다. 성장하는 사람들은 언제나 주변에 '좋은 피드백을 주는 사람'을 둔다. 그들은 비난하지 않고, 감정을 상하게 하지 않으며, 개선점을 명확히 말해준다. 말투는 부드럽지만, 내용은 날카롭다. 그렇다면 피드백을 잘 주는 사람은 어떤 특징이 있을까?

1, 비판보다 제안을 중심으로 이야기한다
"그건 안 좋아요."가 아니라 "이렇게 해보는 건 어때요?"라고 말한다.

2, 문제가 아니라 '행동'을 지적한다
"당신은 무책임해요."가 아니라 "그때 약속을 지키지 않은 게 아쉬웠어요."

3. 과거보다 미래에 집중한다
"전에 그랬잖아요."보다 "다음엔 이렇게 해보면 좋을 것 같아요."라는 식의 피드백을 들을 때 사람은 상처받지 않으면서도 고개를 끄덕이게 된다. 그리고 다음에는 더 잘하고 싶다는 마음이 생긴다. 이런 피드백을 주고받는 환경을 만들면, 관계는 경쟁보다 성장 중심으로 바뀌게 된다.

내가 먼저 '피드백을 받을 준비가 된 사람'이 되어야 한다

좋은 피드백은 요청하는 사람에게 먼저 간다.

"혹시 내가 좀 더 나아지려면 어떤 걸 고치면 좋을까요?"
"이번에 어땠는지 솔직하게 말해줄래요?"

이런 식으로 먼저 피드백을 구하는 사람에게 진심 어린 조언이 돌아간다. 그리고 중요한 건, 그 피드백에 감사한 마음을 표현하는 것이다.

"정말 고마워. 네가 아니었다면 몰랐을 거야."

이 말 한마디가 관계를 성장의 통로로 만든다. 피드백을 요청하는 사람에게는 성장을 도울 기회가 따라오며, 피드백을 환영하는 태도는 그 자체로 신뢰를 만든다. 나를 진심으로 아끼는 사람은, 때때로 따끔한 말도 해준다. 우리는 누구나 성장을 원한다. 그리고 성장은 혼자 하는 것이 아니라, 좋은 피드백을 주고받는 관계 안에서 이루어진다. 그 대화가 익숙해질수록, 나라는 사람은 더 나아질 수 있다.

마지막으로, 피드백이 여전히 두렵고 어렵게 느껴지는 사람에게 하고 싶은 말이 있다. 피드백을 받는 것이 자존심을 꺾는 일이라고 생각할 수도 있다. 하지만 오히려 자존감이 높은 사람일수록 더 많이 피드백을 구하고, 더 빠르게 성장한다. 그들은 '내가 부족해서'가 아니라, '더 나아지고 싶어서' 피드백을 받는다. 그리고 그 과정을 통해 점점 더 단단해진다. 무조건 다 받아들일 필요는 없다. 하지만 '그 안에 내가 배울 수 있는 것이 무엇인지'를 질문하는 태도는, 당신을 더 나은 삶으로 이끌어줄 것이다.

평균 이상의 삶은 '혼자 잘하는 삶'이 아니다. '함께 성장하는 삶'이다. 그리고 그 중심에는 건강한 피드백의 대화법이 있다. 오늘 당신은 어떤 피드백을 받았는가? 그리고 그 피드백에 어떻게 반응하고 있는가? 그것이, 당신의 내일을 결정할 것이다.

PART 3 LIFE'S ATTITUDE

함께 성장할 수 있는 사람을 곁에 두는 방법

인생은 혼자 사는 것 같지만, 결국 누구와 함께하느냐에 따라 방향이 달라진다. 우리는 성장하고 싶어 하면서도 자꾸만 사람을 '내가 편한 사람' 중심으로 고른다. 하지만 정말 중요한 건, 나를 조금 불편하게 만들지만 더 나은 방향으로 이끌어주는 사람들이다. 함께 성장할 수 있는 사람은 단순히 나를 좋아해 주는 사람도 아니고, 무조건 칭찬만 해주는 사람도 아니다. 그들은 때로는 내게 불편한 말을 건네고, 내가 놓치고 있는 것을 짚어주고, 내 잠재력을 믿고 끌어올리는 사람들이다. 그렇다면, 우리는 어떻게 그런 사람을 곁에 둘 수 있을까?

내가 먼저 성장하는 사람이 되어야 한다

함께 성장할 수 있는 사람을 곁에 두기 위한 가장 첫 번째 조건은, 내가 그런 사람이 되어야 한다는 점이다. 자신은 늘 제자리인데, 상대가 나를 끌어주기만 바라면 관계는 오래가지 않는다. 내가 변화를 원하고, 성장을 지향

하고, 실행하는 삶을 살아가야 서로 자극받고 응원하는 관계가 만들어진다.

- 지금보다 더 나아지기 위해 노력하는 태도
- 좋은 자극을 주는 콘텐츠를 함께 나누는 습관
- 스스로를 갱신하는 삶의 리듬

이 세 가지를 갖추고 있을 때, 당신의 곁에도 비슷한 사람들이 모이기 시작한다.

관계를 주도적으로 선택하라

사람들은 인간관계를 운명처럼 받아들인다.

"직장에서 만났으니까 어쩔 수 없지."
"학창시절 친구니까 계속 연락은 해야지."

하지만 관계는 주어진 것이 아니라 '설계하는 것'이다.

- 나의 가치관과 잘 맞는 사람
- 나를 지지하면서도 도전하게 만드는 사람
- 나의 실행력을 응원해주는 사람

이런 사람들과의 연결은 자연스럽게 만들어지지 않는다. 우리가 의도적으로 찾아야 하고, 연결하고, 다듬어야 한다. SNS든, 커뮤니티든, 책 모임이든, 어떤 방식이든 괜찮다. 핵심은, 나를 정체시키는 관계보다 나를 성장시키는 관계에 시간과 에너지를 쓰는 것이다.

목표를 나눌 수 있는 사람을 찾아라

비슷한 방향을 향해 나아가는 사람과 함께할 때, 성장의 속도는 눈에 띄게 달라진다. 예를 들어 창업을 준비하는 사람이라면 비슷한 시기에 창업을 고민하는 동료와 함께할 때, 단순한 정보 교류를 넘어 실행 속도가 빨라진다. 다이어트를 시작한 사람도 마찬가지다. 혼자 하는 것보다 함께 하는 사람이 있을 때 지속력이 생긴다.

- ✓ 나는 지금 어떤 목표를 향해 가고 있는가?
- ✓ 그 목표와 유사한 방향에 있는 사람은 누구인가?

이 질문을 던지고, 대답이 떠오르는 사람이 있다면 먼저 연락해보라. 성장형 인간은 '혼자 성장하는 사람'이 아니라, '함께 성장할 수 있는 연결'을 만든 사람이다.

감정 소비형 관계는 정리하라

당신의 에너지를 갉아먹는 사람은 누구인가? 만난 뒤 유쾌해지는 사람이 있는 반면, 만난 뒤 괜히 피곤하고 기운 빠지는 사람이 있다. 당신이 정체되는 이유는, 그 관계에 너무 많은 에너지를 쓰고 있기 때문일 수 있다. 물론 모든 인간관계가 다 따뜻하고 배려심 깊은 것은 아니다. 하지만 적어도 중요한 건, 그 관계가 나를 계속 '고립'시키는지, '확장'시키는지를 구별하는 눈이다.

- ✓ 불평불만이 많은 사람
- ✓ 타인의 성장을 시기하는 사람
- ✓ 변화를 시도하는 사람을 비난하는 사람

이런 사람과의 거리는 조절할 필요가 있다. 꼭 끊지 않아도 좋지만, 거리를 둘 줄 아는 전략은 반드시 필요하다. 그렇게 확보한 에너지를 '함께 성장할 수 있는 사람'에게 나눠야 당신의 성장도 더 탄력을 받는다.

함께 성장할 수 있는 장면을 만들어라

성장하는 관계는 '가끔 연락하는 사이라서' 만들어지지 않는다. 함께 목표를 나누고, 실행하고, 점검하는 장면이 반복될 때 비로소 '함께 성장하는 구조'가 만들어진다.

- ✓ 월 1회 서로의 목표를 점검하는 미팅
- ✓ 매주 나눌 수 있는 루틴형 피드백
- ✓ 서로의 콘텐츠를 공유하며 나누는 대화

　이런 구조는 '작은 실천'이 쌓인 결과다. 관계는 결국 함께 보내는 시간의 질에서 차이가 난다. 깊이 있는 대화를 나누고, 서로의 변화 과정을 지켜보고, 실천하는 모습을 응원하는 관계는 당신의 삶에 계속해서 자극과 통찰을 준다. 당신이 찾는 '성장 파트너'는 멀리 있지 않다. 지금 당신이 관심 있는 분야, 고민하고 있는 문제, 나아가고 싶은 방향 안에서 이미 존재한다. 다만 우리가 그들에게 손을 내밀지 않았을 뿐이다.
　함께 성장할 수 있는 사람을 곁에 둔다는 것은, 단순히 인간관계를 잘한다는 뜻이 아니다. 그것은 내 삶의 방향을 함께 설계하고 응원할 수 있는 구조를 만든다는 뜻이다. 당신이 지금 가장 자주 대화하는 사람, 자주 연락하는 사람, 함께 시간을 보내는 사람은 누구인가? 그들과의 대화는 당신의 방향을 더 선명하게 만들고 있는가? 아니면 당신을 정체시키고 있는가? 관계는 결국 당신이 걸어갈 인생의 길에 함께할 사람을 선택하는 일이다. 이제는 관계도 점검할 때다. '좋은 사람'이 아니라, '함께 성장할 수 있는 사람'을 곁에 두어라. 그 연결이 당신의 다음 10년을 바꿀 것이다.

PART·3·LIFE'S ATTITUDE

평균 이상의 사람들과 연결되라

우리는 종종 이런 질문을 한다.

"나는 왜 좋은 사람들과 연결되지 못할까?"
"왜 내 주변에는 늘 나를 힘들게 하는 사람만 남는 걸까?"

그리고 운이 없어서 그렇다고 생각한다. 나에게만 '좋은 인맥'이 안 생기는 것 같고, 내가 있는 이 자리에서는 그런 인연들이 불가능할 것처럼 느껴진다. 하지만 이제는 그 질문을 이렇게 바꿔야 한다.

"나는 과연 평균 이상의 사람들과 연결될 준비가 되어 있는가?"

좋은 사람들과 연결되고 싶다면, 내가 먼저 좋은 사람이 되어야 한다. 이 말은 이제 상식이 되었다. 그런데 '좋은 사람'이라는 말보다 더 중요한 기준이 있다. 바로, '함께 성장할 수 있는 사람'이다. 누군가와의 연결은 단지 정보 교류가 아니라, 에너지의 교류다. 나는 어떤 에너지를 주고 있는가? 내가 가진 마인드, 태도, 습관, 말투, 실행력은 상대에게 어떤 영향을 주고 있는가? 이 질문에 스스로 답하지 못한다면, 연결의 기회는 절대 나에게 오래 머물지 않는다.

평균 이상의 사람들과 연결되기 위해선 '내가 먼저 그 레벨에 맞는 사람이 되는 것'이 핵심이다. 그건 결코 스펙을 말하는 것이 아니다. 학벌, 배경, 직함이 아니라 태도와 방향성의 문제다. 나는 성장하고자 하는 사람인가? 변화하려는 의지가 있는 사람인가? 내가 먼저 배우려 하고, 실행하려 하고, 더 나은 내가 되기 위해 노력하는 사람인가? 실제로 평균 이상의 사람들은 이런 사람과의 연결을 원한다.

- 끊임없이 배우려는 사람
- 실수를 하더라도 실행하는 사람
- 질문을 할 줄 아는 사람
- 남의 말에 귀 기울일 줄 아는 사람
- 피드백을 성장의 기회로 삼는 사람

이런 사람은 스펙이나 외적인 조건과 관계없이 끌린다. "나는 아직 부족해요."라고 말하며 주저하는 사람이 많지만, 정말 연결은 부족하다고 연결되지 않는 게 아니다. 방향이 다를 때 연결되지 않는 것이다. 그렇다면, 어떻게 해야 평균 이상의 사람들과 연결될 수 있을까?

배움의 자세로 연결하라

사람들은 누군가에게 접근할 때, '나도 뭔가 보여줘야 하지 않을까?'라는 부담을 가진다. 물론 나눌 수 있는 것이 많다면 좋다. 하지만 처음부터 완벽할 필요는 없다. '나는 당신에게서 배우고 싶습니다.'라는 태도만으로도 이미 충분한 연결의 이유가 된다.

- 관심 있는 분야의 멘토에게 정중한 메시지를 보내보라.
- 콘텐츠를 읽고 진심 어린 피드백을 전달해보라.
- 배운 것을 실행하며 생긴 경험을 공유해보라.

이 세 가지가 반복되면, 그 자체로 자연스러운 연결이 생긴다.

내가 먼저 '주는 사람'이 되어라

연결이란 언제나 '먼저 준 사람'에게 간다.

- 상대가 필요로 하는 정보를 정리해 보내주는 것
- 상대의 콘텐츠를 정성껏 읽고 피드백을 주는 것
- 도움이 될 만한 기회를 먼저 공유하는 것

이런 행동은 나의 존재를 기억하게 만든다. 중요한 건 거창한 도움이 아니라, 그 사람의 입장에 서서 생각하는 태도다. 그 배려가 쌓일 때, 당신은 그냥 수많은 사람 중 하나가 아니라, '함께하고 싶은 사람'이 된다.

자기만의 실천을 지속해라

연결은 말이 아니라, 행동을 기반으로 만들어진다. 아무리 좋은 의도를 갖고 좋은 말을 건네도, 내가 실행하는 것이 없다면 그 연결은 깊어지지 않는다. 평균 이상의 사람들은 대화 상대가 실제로 행동하는 사람인지를 본다.

- 매일 글을 쓰는 사람
- 콘텐츠를 직접 기획해보는 사람
- 일상을 루틴으로 설계하려는 사람
- 실패해도 다시 일어나는 사람

이런 사람이 되면, 연결은 저절로 따라온다. 나의 실천이 곧 나의 자기소개서다.

가치를 공유할 수 있는 장(場)에 참여하라

온라인 커뮤니티, 책 모임, 스터디 그룹, 강연, 클래스… 이런 공간은 단순히 정보를 얻는 곳이 아니다. 함께 성장하려는 사람들의 에너지가 모이는 곳이다. 그리고 에너지는 전염된다.

- ✔ 한 달에 한 번이라도 오프라인 모임에 나가보라
- ✔ 함께 목표를 나누는 온라인 그룹에 참여해보라
- ✔ 나보다 먼저 실행한 사람의 콘텐츠를 구독하라

내 주변의 자극이 바뀌면, 나의 기준도 함께 바뀐다. 평균 이상의 사람들과 연결되는 가장 쉬운 방법은, 그들이 있는 곳으로 '내가 먼저 걸어 들어가는 것'이다.

내 연결의 목표는 '성장'이다

연결을 숫자로만 보지 말자. 팔로워, 구독자, 연락처 개수는 진짜 연결을 보장하지 않는다. 성장이 오가는 관계만이 나를 더 나은 방향으로 이끈다.

- ✔ 이 사람과 대화를 나눈 뒤 나는 자극을 받았는가?
- ✔ 이 관계가 나의 실행력을 북돋아 주는가?

✔ 나는 이 관계에 무엇을 주고 있는가?

이 질문에 'Yes'라고 답할 수 있다면, 그 관계는 계속 가져가도 좋다. 그렇지 않다면, 연결의 목적을 다시 점검해보자. 관계는 늘 성장의 토양이어야 한다. 내가 성장하려는 사람일 때, 성장하는 사람들과 연결될 수 있다. 그 연결이 내 삶의 기준을 바꾸고, 내 기준이 바뀌면 내 일상이 바뀌고, 내 일상이 바뀌면, 결국 인생 전체가 달라진다. 당신은 어떤 사람과 연결되고 싶은가? 그 질문을 나에게 먼저 던져보자.

"나는 그런 사람과 어울릴 만한 가치가 있는가?"

그 답을 찾기 위한 실천이 시작되는 순간, 당신은 이미 평균 이상의 연결을 향해 한 걸음 내디딘 것이다.

11장

삶을 리셋하고 싶은 순간, 다시 시작하는 법

실패는 끝이 아니다.
다시 시작할 수 있는 기회일 뿐이다.

_메리 픽포드

나도 가끔은 여전히 흔들리고, 가끔은 멈추고, 무기력에 빠지는 날도 있다. 특히 20대에도 몇 번의 큰 슬럼프를 겪었고, 그때마다 "이대로 괜찮은 걸까?"라는 질문을 반복하며 스스로를 붙잡아야 했다.

가장 기억에 남는 건 창업을 처음 시작했던 시기였다. 의욕 하나로 시작했지만, 현실은 생각보다 훨씬 거칠고 복잡했다. 정부 지원 사업에 도전하고, 제품을 개발하고, 마케팅을 혼자 하며 정신없이 하루하루를 버텼다. 주변에서 "대단하다.", "멋지다."라는 말도 들었지만, 정작 나는 늘 조급했고, 불안했고, '내가 진짜 잘하고 있는 걸까?'라는 질문에 갇혀 있었다. 어느 순간, 아침에 눈을 떠도 아무 의욕이 들지 않았다. 멍하니 앉아 있는 날도 있었고, 해야 할 일을 알아도 손이 가지 않았다. 잠은 오지 않고, 생각은 끝없이 이어졌고, 다 그만두고 싶다는 마음이 하루에도 몇 번씩 들었다. 그게 바로 내가 처음 마주한 깊은 슬럼프였다.

PART 3 LIFE'S ATTITUDE

슬럼프에 빠졌을 때, 해야 할 5가지 연습

그 시기를 나는 어떻게 견뎌냈을까? 솔직히 말하면 '확실한 방법'은 없었다. 단지, 아주 작은 질문들을 통해 내 감정을 정리했고, 아주 사소한 행동들을 통해 다시 나를 일으켜 세웠다. 그리고 지금 생각해보면, 그 모든 건 '연습'이었다. 멈춘 시간 속에서도 다시 걷는 연습.

첫 번째 연습 – 내 감정을 직면하는 연습

처음엔 나도 몰랐다. 지금 이 무기력함이 '슬럼프'라는 걸. 그저, "며칠만 버티면 괜찮아지겠지." 했다. 시간이 조금 지나면, 다시 예전처럼 열정이 올라오겠지 싶었다. 그런데 아니었다. 이건 그냥 지나가는 감정이 아니라, 내가 꽤 오랫동안 쌓아온 피로, 불안, 조급함이 한꺼번에 터진 결과였다. 그런데 그 시기를 나는 오히려 더 감췄다. 남들보다 뒤처지는 사람처럼 보이고 싶지 않았다. 그래서 더 바쁜 척했다. 괜히 SNS에 나 열심히 살고 있다는 인증도 자주 올렸다. 마치 아무 일도 없다는 듯, 내가 잘 해내고 있다는 듯. 웃긴 건, 그런 '척'이 나를 더 지치게 했다. 내 안에서는 이미 지쳐 있었는데, 겉으로는 괜찮은 척을 하니까 갈등이 더 커졌다.

나는 알고 있었다. 지금 내가 흔들리고 있다는 걸. 지금 내가 방향을 잃었다는 걸. 그런데 그걸 인정하고 싶지 않았다. 인정하는 순간, 뭔가 무너지는 기분이 들까 봐. 그러다가 어느 날, 진짜 너무 버거워져서 혼자 방에 앉아 이렇게 생각했다. "이대로 괜찮을까?" 그날 처음으로 내 감정을 피하지 않고 마주했다.

나는 지금 불안하고, 지쳤고, 아무것도 하기 싫고, 무엇보다 내가 왜 이 길을 가고 있는지도 헷갈린다. 그 감정을 입 밖으로 꺼내는 순간, 이상하게도 마음이 조금 정리되기 시작했다. 슬럼프에서 벗어나는 첫걸음은 '인정'이다. 지금 내가 흔들리고 있다는 걸, 지금은 내가 예전 같지 않다는 걸, 그저 받아들이는 것. 나에게 가장 어려웠던 건 바로 이 부분이었다. 나 자신에게 솔직해지는 일. 그 시간이 내게는 아주 필요했던 순간이었다. 그리고 지금 생각하면, 그날이 슬럼프에서 '다시 걷기 시작한 날'이었다. 감정을 억누르는 게 강한 게 아니다. 감정을 직면하는 게 진짜 용기다.

두 번째 연습 – 무조건 하루에 한 가지는 해보는 연습

슬럼프에 빠졌을 때 가장 무서운 건 '아무것도 하지 않는 날'이 쌓여간다는 것이다. 오늘도 멍하니 보내고, 내일도 비슷한 하루를 보내고, 그러다 보면 '나는 아무것도 할 수 없는 사람'이라는 자기 이미지가 굳어버린다. 그래서 나는 다짐했다.

"하루에 딱 한 가지만 해보자."

그 한 가지는 대단할 필요가 없었다. 방 청소 10분. 고객 후기 하나 정리하기, 사업 공고 하나 더 읽어보기. 그런 사소한 행동들이었다. 그런데 이상하게도, 한 가지를 하면 두 가지도 할 수 있었고, 두 가지를 하면 조금씩 자신감이 붙었다. 중요한 건 결국 작은 흐름을 다시 만드는 것이었다.

세 번째 연습 – 멈춘 상태의 나를 비난하지 않는 연습

슬럼프가 길어질수록 내 안의 비난도 커졌다.

"왜 이것밖에 못 하지?"
"예전엔 잘하더니 요즘 왜 이러지?"

그런 말들이 머릿속에 계속 맴돌았다. 특히 주변 사람들이 열심히 사는 모습을 보면 더 초조했다. 그때부터는 멈춰 있는 나를 다그치기보다, 이해하려고 노력했다. 그렇게 내 감정을 받아들이는 순간, 오히려 마음이 편해졌다. 우리는 모두 쉬어야 할 타이밍이 있고, 멈춰야 할 이유가 있다. 그걸 인정하는 게 회복의 첫걸음이었다.

네 번째 연습 – 회복 루틴을 만드는 연습

나는 슬럼프가 올 때마다 나만의 회복 루틴을 만들었다. 향 좋은 룸 스프레이를 뿌리고, 따뜻한 차를 마시고, 조용한 음악을 틀고, 10분간 걷거나 스트레칭을 했다. 이 루틴은 아주 사소하지만, 내 일상에 작은 리듬을 만들어줬다. 어느 날은 효과가 없을 때도 있었지만, 신기하게도 그 루틴을 반복하다 보면 마음이 차분해졌고, 다시 글을 쓰고, 업무를 할 힘이 생겼다.

다섯 번째 연습 – 질문을 통해 방향을 회복하는 연습

슬럼프에 빠졌을 때 가장 많이 한 행동은 질문이었다. "지금 나를 가장 지치게 하는 건 뭘까?", "다시 시작한다면, 어디서부터 시작하고 싶을까?" 이런 질문들은 문제를 해결해주지는 않지만, '방향'을 회복하게 해주었다. 질문은 감정을 정리하게 해주고, 감정이 정리되면 다음 행동이 자연스럽게 따라왔다. 지금도 나는 완벽하지 않다. 가끔은 다시 지치고, 다시 무기력해지고, 다시 그 자리에서 멈춰 서기도 한다. 하지만 이제는 안다. 그 멈춤이 '끝'이 아니라, 다시 나를 정비하는 '전환점'이라는 걸. 그래서 나는 오늘도 내 감정을 돌아보고, 작은 행동부터 시작하고, 나를 향한 질문을 반복하며 다시 걷는다.

슬럼프는 두려운 존재가 아니다. 오히려 삶을 리셋하고, 내 방향을 다시 확인하게 해주는 기회. 그 시기를 어떻게 지나느냐에 따라, 우리는 더 강해질 수도, 더 단단해질 수도 있다. 나도 그렇게 다시 걸어왔다. 그리고 지금도, 여전히 걷고 있다. 당신도 분명히 다시 걸을 수 있다. 그러니 너무 조급해하지 말자. 지금 이 순간도, 결국 당신을 위한 성장의 일부니까.

PART·3·LIFE'S ATTITUDE

무너진 루틴을 복구하는 리부트 전략

한 번 무너진 루틴을 다시 세우는 일은 생각보다 어렵다. 우리는 종종 이렇게 말한다.

"이제 다시 시작해야지."
"내일부터는 진짜 열심히 해볼 거야."

하지만 막상 다음 날이 되면 다시 핑계를 찾게 되고, 어제와 다르지 않은 하루를 반복하게 된다. 루틴은 하루 이틀 만에 무너지는 것이 아니다. 반복된 피로, 불안, 무기력함, 스트레스, 그리고 작은 자기합리화가 차곡차곡 쌓이면서 무너진다. 그리고 그렇게 무너진 루틴을 복구하는 데는 더 많은 시간과 에너지가 필요하다. 그래서 우리는 루틴의 '리부트 전략'을 가져야 한다. 슬럼프에서 빠져나왔다면, 이제 다시 일상으로 돌아와야 한다. 그 첫 걸음은 '일상의 구조'를 회복하는 것이다.

루틴은 단순한 습관이 아니다. 루틴은 당신의 삶을 정리해주는 구조이자, 흔들리는 상황 속에서도 나를 지탱해주는 버팀목이다. 우리가 슬럼프에서 벗어났다고 해도, 루틴이 없다면 또다시 무너지는 건 시간문제다. 루틴은 '나를 되돌리는 안전한 장소' 같은 것이다. 감정이 요동칠 때도, 의욕이 떨어질 때도, 몸이 피곤할 때도, 무의식적으로 돌아올 수 있는 익숙한 리듬. 그 리듬이 있어야 우리는 다시 앞으로 걸어갈 수 있다.

복구의 시작은 '루틴 진단표'를 만드는 것이다

무너졌다는 건 알겠는데, 어디서부터 무너졌는지 모르는 경우가 많다. 그래서 나는 내 루틴을 진단하는 시간부터 갖는다. 하루를 시간대별로 나누고, 예전에는 어떤 루틴이 있었고 지금은 어떤지 비교하는 것이다. 예를 들어, '아침 7시 기상 → 가벼운 스트레칭 → 아침 식사 → 업무 전 루틴'이라는 흐름이 있었는데, 지금은 '아침 9시 기상 → 침대에서 SNS → 아침 건너뛰기 → 바로 업무 시작'이라는 식으로 바뀌었다면, 어떤 요소가 빠졌고, 어떤 요소가 망가졌는지 알 수 있다. 이때 중요한 건 자책이 아니다. 판단하지 말고 그냥 있는 그대로 관찰하는 것이다. 이제 무엇을 고쳐야 할지 방향이 보이기 때문에 이 작업만 해도 절반은 복구한 셈이다.

'가장 쉬운 루틴 하나부터' 복구하라

루틴 복구의 최대 적은 '욕심'이다. 슬럼프에서 막 빠져나온 우리는 의욕이 충전된 상태일 수 있다. 그래서 "이제 다시 예전처럼 아침 5시에 기상해서 책 읽고 운동하고 계획 세우고…" 같은 무리한 계획을 세운다. 하지만 의욕은 금방 식는다. 중요한 건 '지속 가능성'이다. 그래서 가장 쉬운 루틴 하나부터 다시 시작해야 한다. 예를 들어 '기상 후 침대 정리하기', '매일 아침 따뜻한 물 한 잔 마시기', '잠들기 전 5분 스트레칭하기' 같은 루틴이 좋다. 포인트는 '할 수 있을 만큼만'이다. 아주 작고 사소한 습관이라도 반복되면 그것이 다시 리듬이 된다. 작게 시작해서 스스로가 "나 요즘 다시 해내고 있어."라는 감각을 가지는 것이 가장 중요하다.

루틴의 구조를 '시간 기반'이 아니라 '트리거 기반'으로 바꿔보라

사람들은 루틴을 만들 때 시간에 묶여서 설계한다. 예를 들어 "아침 7시에 기상하고 7시 30분에 스트레칭하고…"와 같은 방식이다. 하지만 시간이 조금만 어긋나면 루틴 전체가 무너지는 경우가 많다. 그래서 추천하는 방식이 트리거 기반 루틴이다. 트리거는 '신호'다. 예를 들어 '기상하면 물 한 컵', '양치 후 스트레칭 1분', '퇴근 후 운동복 갈아입기', '저녁 먹고 산책 10분' 같은 방식이다. 시간보다 '행동'에 루틴을 연결하는 것이다. 이렇게 하면 상황이 조금씩 달라도 루틴이 유지될 가능성이 높아진다. 트리거 기반 루틴은 환경에 흔들리지 않고 나의 리듬을 유지하는 데 매우 효과적이다.

루틴 복구는 '세트 구성'으로 해보라

하나의 행동만 하면 지루하거나 금방 포기하게 된다. 하지만 두세 개의 루틴을 묶어서 '세트'로 구성하면 더 쉽게 유지할 수 있다. '아침 루틴 세트: 기상 → 물 한 잔 → 스트레칭 3분 → 오늘 할 일 1가지 적기'. '저녁 루틴 세트: 샤워 후 스트레칭 → 향초 켜기 → 5분 감정 일기 쓰기' 이런 식으로 '루틴 묶음'을 만들면 자연스럽게 연결되며 기억하기도 쉽다. 특히 하루의 시작과 끝에 있는 루틴 세트는 하루의 밀도와 안정감을 크게 바꿔준다.

루틴의 '기록'을 시작하라

루틴을 눈으로 확인할 수 있어야 동기부여가 된다. 나는 루틴을 복구할 때 '루틴 체크리스트'를 만든다. 한 달짜리 캘린더를 프린트해서 벽에 붙이고, 내가 실천하고자 하는 루틴을 3~5개 적는다. 그리고 하루하루 실천할 때마다 체크 표시를 한다. 이 방식의 좋은 점은 실행한 날보다 실행하지 못한 날이 눈에 보인다는 것이다. 그래서 "이번 주는 너무 놓쳤네.", "다음 주는 다시 해보자." 같은 반성이 자연스럽게 따라온다. 체크 표시가 쌓이는 시각적 만족감은 꽤 크다. 단, 여기서도 중요한 건 완벽하지 않아도 괜찮다는 마음이다. 모든 루틴을 다 못 지켜도 괜찮다. 한두 개라도 실천한 날에는 스스로를 칭찬해줘야 한다.

루틴이 이어질 수 있는 '환경'을 정비하라

루틴은 나의 의지만으로 유지되지 않는다. 루틴이 자연스럽게 실행되려면, 그 루틴을 도와주는 환경을 함께 정비해야 한다. 예를 들어 아침에 스트레칭을 하고 싶다면, 매트나 스트레칭 도구를 잘 보이는 곳에 두어야 한다. 자기 전에 책을 읽고 싶다면, 침대 옆에 책을 두고 핸드폰은 멀리 둬야 한다. 루틴을 방해하는 요소(특히 디지털 기기나 방해 알림)는 시야에서 제거하고, 루틴을 유도하는 물건이나 구조를 가까이에 배치해야 한다. 환경이 바뀌면 행동이 바뀐다. 행동이 바뀌면 루틴이 복원된다.

루틴 복구를 위한 '리부트 주간'을 설정하라

나는 때때로 루틴이 무너졌다고 느낄 때, 일주일을 '리부트 주간'으로 설정한다. 이 주간에는 평소보다 더 의도적으로 루틴을 실천하고, 다른 약속은 줄이며, 나만의 흐름을 되찾는 데 집중한다. 꼭 여행을 가거나, 워크숍을 열지 않아도 된다. 그냥 집에서, 내 루틴을 다시 세우는 데 초점을 맞추면 된다. 그리고 그 일주일이 지나면 확실히 '정리된 느낌'이 든다. 마치 다시 시작할 수 있는 마음이 생긴다. 루틴은 흐름이고, 흐름은 의도적으로 되살릴 수 있다. 리부트 주간은 그 흐름을 만드는 시동 장치다.

루틴을 '타인과 함께' 복구하라

혼자만의 루틴도 좋지만, 누군가와 함께하면 유지 확률이 훨씬 높아진다. 이를 '루틴 동반자 전략'이라고 부른다. 예를 들어 매일 새벽에 걷기로 약속한 친구가 있다면, 아침에 일어날 가능성은 훨씬 높아진다. 매일 같은 시간에 짧은 피드백을 주고받는 메시지 파트너가 있다면, 루틴을 방해받을 확률이 줄어든다. 이 전략은 '혼자 하면 포기하지만, 같이 하면 버틴다'라는 심리를 기반으로 한다. SNS에 루틴을 공유하는 것도 방법이다. 물론 과한 인증이나 타인의 피드백에 민감해지지 않도록 조심해야 하지만, 적당한 공개는 좋은 자극이 된다.

루틴을 복구하는 일은 단순히 습관을 회복하는 것이 아니다. 그것은 나의 리듬을 되찾고, 나의 일상을 정돈하며, 다시 삶의 주도권을 회복하는 과정이다. 우리는 모두 흔들릴 수 있다. 루틴이 무너질 수도 있다. 하지만 한 번 무너졌다고 영원히 복구 불가능한 것은 아니다. 작게, 가볍게, 그러나 꾸준히. 다시 흐름을 만들 수 있다. 그게 바로 평균 이상의 삶을 사는 사람들의 비밀이다. 다시 리듬을 만들고, 다시 자신감을 쌓고, 다시 앞으로 걸어가는 사람. 당신도 그렇게 할 수 있다. 중요한 건 완벽한 루틴이 아니라, 다시 돌아올 수 있는 루틴이다. 그리고 지금 이 글을 읽는 당신은 이미 그 첫걸음을 내디딘 사람이다.

PART·3·LIFE'S ATTITUDE

실패와 후회를 자산으로 전환하는 방법

지금까지의 삶을 돌아봤을 때, 나는 성공한 날보다 실패한 날이 더 생생하게 떠오른다. 칭찬받았던 순간보다 비난을 들었던 순간이 더 오래 남아 있었고, 누군가에게 인정받았던 날보다 스스로를 부끄러워했던 날이 더 나를 성장시켰다. 그렇게 무너진 순간들이 나를 단단하게 만들고 있었다는 사실을 그때는 몰랐다. 성공은 자주 오지 않는다. 그리고 오히려 너무 쉽게 찾아온 성공은 깊게 각인되지도 않는다. 하지만 실패는 다르다. 내가 뭘 놓쳤는지, 어디서 잘못됐는지, 왜 그렇게 선택했는지 끝없이 질문하게 만든다.

나는 꽤 많은 실패를 경험했다. 제품을 만들었는데 팔리지 않았을 때, 협업 관계가 틀어져서 혼자 책임을 뒤집어썼을 때. 이런 일들은 하나하나 그때마다 너무나도 괴로웠지만, 지금 돌이켜보면, 내 가치관을 완전히 새롭게 만든 전환점이었다. 사람을 쉽게 믿지 않는 신중함을 그때 배웠고, 내가 감당할 수 있는 일과 감당할 수 없는 일을 구분하는 감각을 배웠다. 나는 실패를 분석하거나 구조화해서 기록한 적은 없다. 솔직히 말해서, 그럴 여유도, 마음의 힘도 없었다. 그냥 하루하루를 견디고, 다시 다음 날을 살기 위해 버티는 게 전부였다. 그런데 그 '버틴 날들'이 결국 나를 성장시켰다.

감정이 채 가라앉지도 않은 상태에서 다시 전화하고, 다시 시도하고, 다시 수정하고. 그때 나는 복구력이라는 걸 배우고 있었던 것 같다. 실패에서 진짜 얻는 건, 다시는 똑같이 당하지 않겠다는 내적인 경계고, 앞으로 더 잘할 수 있다는 현실적인 기준이고, 무너졌던 감정을 이겨내 본 사람만이 가질 수 있는 두꺼운 피부다. 나는 실패를 겪은 다음, 세 가지 변화가 생겼다.

1. 실수를 대하는 태도가 바뀌었다

예전엔 실패하면 '나는 안 되는 사람인가?'부터 고민했다. 지금은 실패하면 '이건 왜 안 됐지?'라고 물어본다. 나 자신을 판단하는 게 아니라, 선택의 맥락을 돌아보게 된 거다.

2. 선택 기준이 명확해졌다

한번 후회한 선택은 다시는 같은 방식으로 반복하지 않았다. 무작정 시작하던 내가, 이제는 한 번 더 고민하고, 한 번 더 점검하고, '이 선택이 정말 내 삶을 나아지게 할까?'를 묻는 습관이 생겼다.

3. 타인의 시선을 덜 신경 쓰게 됐다

실패했을 때 가장 힘든 건 사람들의 시선이었다. 하지만 몇 번의 실패를 겪고 나니, 남들이 뭐라고 하든 결국 다시 일어서는 건 나 자신이라는 걸 알게 됐다. 후회도 마찬가지다. 살면서 "그때 왜 그렇게 했을까…"라고 떠올리는 장면이 누구에게나 있다. 내게도 있다. 조금만 더 용기 냈다면 도전했을 일, 말 한마디만 더 친절했으면 이어졌을 관계, 그때 미루지 않았으면 지금은 다른 결과였을 일. 하지만 그 후회를 계속 곱씹는다고 달라지는 건 없다. 나는 이렇게 생각했다. "이후에 같은 상황이 온다면, 지금의 나는 다르게 행동할 수 있겠지." 그렇게 후회는 다음 선택의 기준이 됐다. 그리고 그 기준은 지금까지도 나의 의사결정에 영향을 주고 있다.

나는 이제, 실패와 후회를 두려워하지 않는다. 그것들이 나를 만든다는 걸 너무 잘 알기 때문이다. 그 경험들이 있었기에 나는 성장했고, 내가 뭘 원하고, 뭘 원하지 않는지를 분명하게 알 수 있었다. 지금 당신이 실패를 겪고 있다면, 지금 당신이 뼈아픈 후회를 하고 있다면, 기억하자. 그건 '끝'이 아니라, '시작'이다. 실패는 당신을 바꾸고 있다. 후회는 당신의 선택을 더 정교하게 만들고 있다. 그러니 너무 조급해하지 말고, 지금 그 감정이 지나가길 기다리지 말고, 지금 그 감정을 통과하라. 그리고 그때 깨달을 것이다. 진짜 나를 성장시킨 건, 무대 위의 박수가 아니라, 아무도 없는 자리에서의 묵묵한 재도전이었다는 걸.

PART·3·LIFE'S ATTITUDE

다시 시작하는 사람들의
3가지 공통점

　누구나 한 번쯤은 멈춘다. 누구나 한 번쯤은 무너진다. 열심히 달려오다가 벽을 만나는 순간, 갑작스러운 실패 앞에서 무력해지는 순간, 또는 아무 이유 없이 기운이 빠지고 모든 게 무의미하게 느껴지는 순간. 그럴 때 우리는 스스로에게 이렇게 묻는다. "이제 어떻게 하지?", "정말 다시 시작할 수 있을까?" 그리고 이 질문 앞에서, 어떤 사람은 주저앉고, 어떤 사람은 다시 걷는다. 그 차이를 만드는 건 단순한 의지나 근성이 아니다. 나는 여러 번 무너졌다가 다시 시작한 경험을 통해 깨달았다. 다시 시작하는 사람들에게는 분명한 공통점이 있다. 이들은 상황이 좋아서 시작한 것이 아니라, 그 상황 속에서도 자신을 다시 일으키는 '내면의 전략'을 가지고 있었다. 여기, 내가 경험했고, 관찰했고, 스스로 체득한 '다시 시작하는 사람들의 3가지 공통점'을 공유하고자 한다.

첫 번째 공통점 – 스스로를 정직하게 마주한다

무너진 사람들은 대부분 자신을 자책하거나 외면한다. 현실이 너무 아프고, 실패가 너무 창피하기 때문이다. 그래서 일부러 바쁜 척을 하고, 일부러 더 웃고, 일부러 아무렇지 않은 척을 한다. 나도 그랬다. 일이 잘 안 될 때일수록 SNS에 더 자주 글을 올렸고, 더 활기찬 척했다. 하지만 속은 무너져 있었다. 진짜 회복이 시작된 건, 내가 내 감정을 솔직하게 마주한 날부터였다. "나 지금 너무 무섭다.", "나는 내가 못난 것 같다.", "나는 지금 도망치고 싶다." 이런 문장을 입 밖으로 꺼내는 데는 엄청난 용기가 필요하다.

하지만 그 순간부터 변화는 시작된다. 다시 시작하는 사람들은 자신의 실패를 부정하지 않는다. 오히려 그 실패를 분석하고, 감정을 받아들이고, 지금의 위치를 객관적으로 바라본다. 자신을 정직하게 마주하는 것. 그게 바로 다시 시작의 출발점이다. 정직함은 아프지만, 치유의 문을 연다. 현실을 외면하는 사람은 그 자리에 오래 머물러야 한다. 하지만 현실을 직시하는 사람은 다음 방향을 더 빠르게 찾는다. 나는 이 진실을 몸으로 배웠다. 회복은 정직함에서 시작된다는 것을.

두 번째 공통점 – 작은 실행으로 흐름을 만든다

다시 시작하는 사람들은 거창한 계획을 세우지 않는다. 대신, 아주 작은 실행을 반복한다. 무너진 상태에서 "이제 다시 제대로 해보자!"라고 다짐

하는 건 쉽다. 하지만 그 다짐은 대부분 며칠 가지 않는다. 왜냐하면 '한 번에 완벽하게' 하려는 마음이 다시 실패로 이어지기 때문이다. 반면에 진짜 다시 시작하는 사람들은 '하루 10분 운동하기', '하루 한 줄 글쓰기', '책 한 쪽 읽기'처럼 작고 사소한 행동부터 다시 쌓아간다. 그리고 그 작은 행동이 자신감을 회복시켜 준다. 나는 슬럼프에서 벗어나기 위해 '매일 1가지 하기'라는 목표를 세운 적이 있다. 아주 사소한 일이었다. 노션(노트를 기록하는 앱)에 오늘의 할 일 정리하기, 책 한 페이지 읽기, 운동 대신 계단 오르기. 그런데 그 하루에 하나씩 하는 루틴이 쌓이자, 어느 순간 '나 아직 할 수 있어'라는 믿음이 생겼다. 다시 시작하는 사람들은 절대 성과를 쫓지 않는다. 성과는 나중 문제고, 지금 필요한 건 '흐름'이다. 흐름이 생기면 다시 에너지가 생기고, 에너지가 생기면 다시 실행이 가능해진다. 그래서 이들은 언제나 작은 루틴부터 다시 만든다. 삶을 리셋한다는 건 대단한 결심이 아니라, 작은 행동의 복원이다. 그래서 다시 시작하는 사람은 말보다 행동이 먼저다. 다시 뛰기 전에, 걷기부터 시작하는 사람. 그 사람이 결국 다시 달리는 사람이 된다.

세 번째 공통점 – 삶의 의미를 재정의한다

실패나 슬럼프는 단순히 에너지의 고갈이 아니다. 그것은 '내가 왜 이 일을 하는지', '나는 왜 이 길을 가고 있는지'를 잃어버렸다는 신호다. 아무리 좋은 환경에 있어도, 내가 이 일에 의미를 느끼지 못하면 지칠 수밖에 없다. 반대로 상황이 힘들어도, 내가 이 길을 가는 이유가 분명하면 버틸 수 있다. 다시 시작하는 사람들은 반드시 질문을 던진다.

"이 경험에서 내가 배운 건 뭘까?"
"지금 이 실패가 나에게 주는 메시지는 무엇일까?"

이 질문들은 삶의 방향을 다시 회복하게 만든다. 나는 한동안, 외적인 목표만 좇으며 살아왔다. 매출, 인정, 결과. 그게 전부인 줄 알았다. 하지만 어느 날, 그 모든 것이 흔들렸을 때 나를 지켜준 건 '처음의 마음'이었다. "나는 왜 창업을 시작했지?", "나는 왜 글을 쓰기 시작했지?" 그 질문을 던지고 나서야 나는 다시 '내 방향'을 찾을 수 있었다. 다시 시작하는 사람들은 실패를 의미 있는 경험으로 바꾼다. 그들은 실패에서 '의미'를 끌어내고, 그 의미를 기반으로 다음 발걸음을 내디딘다. 그렇기 때문에 같은 실패라도 어떤 사람은 무너지고, 어떤 사람은 성장한다. 삶의 의미는 고정되어 있지 않다. 우리는 그 의미를 계속 새롭게 정의할 수 있다. 다시 시작한다는 건 단순히 돌아가는 것이 아니다. 삶의 방향을 다시 세우고, 그 길에 새로운 의미를 부여하는 것이다.

당신은 지금 어떤 상태에 있는가. 슬럼프에 빠져 있는가. 실패 후에 주저앉아 있는가. 아니면 다시 시작하고 싶지만, 용기가 나지 않는가. 괜찮다. 누구나 그런 시간을 겪는다. 하지만 그 시간이 영원하지 않다는 걸 기억하자. 그리고 그 시간을 지나온 사람들에게는 반드시 공통점이 있다는 것도 기억하자. 나 역시 그 길을 걸어왔다. 수없이 무너졌고, 수없이 흔들렸지만, 그때마다 나를 다시 일으킨 건 결국 나 자신이었다. 당신도 그렇게 다시 시작할 수 있다. 그러니 조급해하지 말자. 지금 할 수 있는 아주 작은 것부터 해보자.

그리고 자신에게 질문을 던지자. 나는 왜 이 길을 걷고 싶은가. 나는 어떤 삶을 원하는가. 그 질문에 대한 답을 찾아가는 과정 자체가 이미 '다시 시작'이다. 다시 시작하는 사람은 특별한 사람이 아니다. 다만, 다시 한 발 내디딘 사람일 뿐이다. 지금, 그 한 발을 내디뎌보자. 그렇게 한다면 당신은 이미 그 길 위에 있다.

12장

평균 이상을 완성하는
삶의 태도

당신이 하는 모든 작은 선택이
결국 당신의 인생이 된다.

_ 앤디 앤드루스

우리는 언제부터인가 평균 이상이 되기 위해선 특별한 위치에 있어야 한다고 믿었다. 더 좋은 직장, 더 높은 연봉, 더 잘나가는 업계, 더 화려한 타이틀, 그런 조건들을 갖추어야만 평균 이상이 될 수 있다고 생각해왔다. 하지만 나는 조금 다른 이야기를 하고 싶다. 평균 이상은 결국 '자리'가 아니라 '태도'에서 만들어진다고 말이다. 지금 있는 자리에서 어떤 태도로 살아가느냐가 그 사람의 삶의 밀도를 결정한다. 우리는 종종 자기 자신을 과소평가한다.

"지금 나는 이 정도밖에 안 돼."
"지금은 준비가 안 됐어."
"더 나아진 다음에 도전해야지."

그렇게 말하면서 계속 기회를 미룬다. 하지만 평균 이상을 만드는 사람은 반대다. 지금 이 자리에서 최선을 다하고 지금 이 순간에 의미를 부여하고 지금 이 환경 속에서도 내가 할 수 있는 걸 한다. 나는 사업을 하면서 그런 사람들을 많이 봐왔다.

12장 평균 이상을 완성하는 삶의 태도

PART·3·LIFE'S ATTITUDE

평범한 자리에서 만드는 평균 이상의 삶

나는 태도는 자리에 있는 게 아니라 마음가짐에 있다고 생각한다. 어떤 태도로 지금을 살아가고 있는지가 결국 10년 뒤 삶을 갈라놓는다. 그래서 당신이 지금 어디에 있든 지금 무슨 일을 하든 그것이 중요하지 않다고, 지금 당신의 자리에서 어떤 태도로 하루를 살아내고 있는지가 더 중요하다고 말하고 싶다. 평균 이상을 만들어가는 사람은 매일을 '소중한 시간'으로 대한다. 그냥 흘러가는 하루가 아니라, 내가 설계한 하루로 만든다. 그런 사람은 아침에 일어나는 순간부터 하루를 다르게 시작한다.

오늘 내가 할 수 있는 최선은 무엇일까?
오늘 내가 하나라도 더 배우기 위해 할 수 있는 일은 무엇일까?
오늘 내게 주어진 이 자리를 어떻게 빛낼 수 있을까?

이런 질문을 반복하는 사람은 반드시 평균 이상이 된다. 특별한 조건에서 시작되지 않는다. 오히려 너무 평범해서 남들이 주목하지 않는 순간들에서 시작된다. 스스로를 성장시키는 사람들이 공통으로 가진 건 지금 여기에서 최선을 다하겠다는 태도였다. 나는 아직 준비가 안 됐다고 사람들은 말한다. 나는 아직 실력이 부족하다고, 나는 아직 내 자리를 못 찾았다고. 하지만 그런 생각은 평균 이하의 태도다. 준비되었을 때 움직이는 사람보다 지금 할 수 있는 걸 시작하는 사람이 결국 앞서 나간다. 평균 이상의 사람은 자기 삶의 리더다. 눈치 보지 않고 자기 속도로 간다. 타인의 기준에 흔들리지 않고 자신의 기준을 만든다. 어제보다 나아지는 데 집중하고 내일의 내가 조금 더 성장할 수 있도록 오늘을 설계한다.

나는 내가 만난 사람들 중 가장 인상 깊었던 사람은 적은 수입으로도 삶을 빛내던 청년이었다. 그는 자신의 하루 루틴을 매일 실천했다. 특별히 대단한 건 없었지만 그가 하루를 대하는 태도는 분명 달랐다. 그는 말했다. "저는 지금 이 자리에서부터 노력할 거예요." 나는 그 말이 오래도록 잊히지 않았다. 평범한 자리는 오히려 가능성이다. 아직 무언가 이룬 것이 없다면 아직 무엇이든 도전할 수 있다는 뜻이다. 아무것도 확정되지 않았다는 건 아무것이나 선택할 수 있다는 뜻이다. 평균 이상의 사람은 이 여백을 두려워하지 않는다. 이 여백 속에서 자신만의 방향을 찾고 자신만의 방식을 만들어간다. 그리고 그 방식이 결국 평균 이상의 삶을 설계하게 해준다. 나는 지방에서 창업을 시작했고, 20대에 큰 성공도, 실패도 맛봤다. 사람들은 내게 묻는다.

"그때 어떻게 시작했어요?"

나는 대답한다 "그냥, 내가 있는 자리에서 시작했어요." 누구나 말릴 때

였고, 누구도 주목하지 않을 시기였지만 나는 내 자리에서 하루하루 작게 움직였고 그 작은 움직임들이 지금의 나를 만들었다. 평균 이상의 삶은 이런 식으로 만들어진다. 거창한 목표에서 시작되는 게 아니라 눈앞의 작은 일 하나를 다르게 대하는 태도에서 시작된다. 그리고 그 태도가 쌓이면 결국 남들이 말하는 '평균 이상'이 아니라 스스로 느끼는 '충분한 삶'이 완성된다. 평균 이상은 누군가가 정해주는 게 아니다. 당신이 정하기로 마음먹은 그 순간부터 당신은 이미 평균 이상이다.

중요한 건 내가 지금 하는 선택이 어떤 방향을 향하고 있는지, 또 지금 있는 자리에서 하루를 어떻게 살아내고 있는지에 대한 여부다. 남들과 비교하지 않아도 된다. 속도가 느려도 괜찮다. 지금 이 자리에서 당신이 할 수 있는 걸 다해보자. 작은 일부터 조금 더 정성스럽게 내 하루를 존중하듯 살아가다 보면 당신은 언젠가 알게 될 것이다. 지금 그 자리를 바꿀 수 없다면 태도를 바꿔라. 지금 환경을 바꿀 수 없다면 시선을 바꿔라. 지금 조건이 부족하다면 생각을 넓혀라. 그게 바로 평균 이상의 시작점이다. 그리고 언젠가 당신은 말할 수 있을 것이다. 나는 특별한 사람이 아니었다. 나는 그저, 지금의 삶을 다르게 보기로 했을 뿐이라고. 그게 나를 나만의 삶으로 이끌었다고.

PART·3·LIFE'S ATTITUDE

비교보다 실행,
성공보다 성장에 집중하라

 살면서 우리는 수없이 많은 선택 앞에 서게 되고, 그 선택의 순간마다 흔들리게 된다. 가장 큰 이유는 '비교'다. 남들이 어떻게 살고 있는지를 보며, 나도 그렇게 살아야만 할 것 같은 불안감. 누구는 이만큼 벌고 있다는데, 누구는 이런 자리에 있다는데, 누구는 벌써 결혼해서 안정된 삶을 산다는데. 이런 이야기들이 들려올수록 우리는 자꾸만 스스로를 작게 느끼고, 내 삶의 속도와 방향이 틀린 건 아닐까 의심하게 된다. 하지만 평균 이상의 삶을 살고 싶은 사람이라면, 이제 이 비교의 습관에서 완전히 벗어나야 한다. 비교는 실행을 방해한다. 실행하지 못하면 성장도 없다. 평균 이상의 삶은 '비교해서' 도달하는 것이 아니라, '실행을 통해' 스스로 만들어가는 것이다.
 나는 내 삶에서 이 진리를 아주 오랜 시간에 걸쳐 깨달았다. 예전에는 나도 늘 남들과 나를 비교했다. SNS를 열면 비슷한 분야에 있는 사람들이 매출을 인증하고, 새로운 프로젝트를 런칭하고, 언론에 노출된 것을 보며 나는 "왜 나만 제자리일까." 하는 생각에 사로잡히곤 했다. 그런데 그런 비교는 나를 더 나은 방향으로 이끌지 않았다. 오히려 불안하게 만들고, 조급하게 만들고, 결국 '나다운 실행'을 하지 못하게 만들었다. 비교는 언제나 '남의 기준'에 나를 끼워 맞추게 만든다. 그리고 그 기준은 끝이 없다. 누군가보다 앞서 있다고 느껴지는 순간에도, 또 다른 누군가가 더 앞에 있다. 그걸 쫓다 보면 결국 나는 내 삶의 주도권을 잃는다. 그래서 나는 비교보다 실행에 집중하기로 했다.

내가 진짜 원하는 것은 무엇인가?
나는 어떤 방향으로 살아가고 싶은가?

이 질문들에 스스로 대답하면서, 나만의 작은 실행들을 시작했다. 예를 들어, SNS를 끊고 하루를 설계하는 루틴을 만들었다. 타인의 소식보다 내 하루에 더 많은 관심을 갖기로 했다. 하루 한 페이지라도 책을 읽고, 매일 짧게라도 글을 쓰고, 매주 한 번은 새로운 콘텐츠를 기획하거나, 내 브랜드에 대해 피드백을 받는 시간을 만들었다. 처음에는 변화가 느껴지지 않았다. 여전히 남들은 더 빨리 가는 것처럼 보였고, 나 혼자만 이 길에 갇혀 있는 느낌도 들었다. 하지만 몇 달이 지나자 변화가 눈에 보이기 시작했다. 내 루틴이 무너지지 않고 이어지고 있었고, 내 제품에 대한 리뷰가 하나둘 늘어나기 시작했다. 그리고 가장 놀라웠던 건, 그런 변화를 만드는 데 꼭 '대단한 성공'이 필요하지 않았다는 사실이었다. 실행 자체가 나를 변화시키고 있었다.

평균 이상의 삶이란 어떤 특별한 위치에 올라야만 누릴 수 있는 게 아니다. 오히려 매일매일의 선택과 실행이 누적되어 만들어지는 '지속적인 성장의 곡선'이다. 그리고 그 곡선은 눈에 보이지 않을 만큼 천천히 올라가지만, 어느 순간 분명히 그 효과가 드러난다. 실행은 나에게 확신을 준다. 남들이 뭐라 하든, 내가 움직였다는 사실이 스스로에 대한 신뢰를 만든다. 그 신뢰가 쌓이면 더 이상 비교할 필요가 없어지기 시작한다. '나는 나의 기준으로, 나의 속도로 살아가고 있다'라는 자각은 내가 가진 가장 강력한 무기가 된다. 반대로, 성공에만 집중하면 오히려 길을 잃는다. 우리는 흔히 성공을 '외적인 성과'로 정의한다. 연봉, 직책, 명예, 팔로워 수, 매출액 등 숫자로 측정되는 모든 것들이 그 기준이 된다. 하지만 이런 성공은 끝없이 타인과 나를 비교하게 만든다. 오늘 1억을 벌면 내일은 2억을 원하게 되고, 오늘 기사에 나왔으면 내일은 방송에 나가고 싶어진다. 그리고 무엇보다, 이런 성공은 내가 통제할 수 없는 요소들이 너무 많다. 경기 상황, 경쟁자, 시장 반응, 운. 내 뜻대로 되지 않는 요소들 속에서 성공만을 목표로 삼으면, 우리는 쉽게 지치고 흔들린다. 그래서 나는 성공보다 성장에 집중해야 한다고 믿는다.

  성장에 집중하는 삶은 다르다. 어제보다 오늘, 오늘보다 내일 더 나아지고 있는지를 기준으로 삼기 때문이다. 그 기준은 남들이 정하지 않는다. 오직 내가 정할 수 있다. 그리고 그 기준은 내 삶의 중심을 잡아주는 나침반이 된다. 예를 들어, 나는 지금 어떤 역량을 키우고 있는가? 나는 어떤 태도를 유지하고 있는가? 나는 어떤 루틴을 지키고 있는가? 이런 질문들에 대답할 수 있다면, 지금 당신은 분명히 성장하고 있다. 나는 이 책을 통해 끊임없이 이야기해왔다. 평균 이상의 삶이란, 남들이 정한 기준을 넘는 것이 아니라, 나만의 기준을 세우고 그것을 실행하는 삶이라고. 그리고 그 실행은 비교하지 않을 때, 비로소 온전히 나의 것이 된다. 그러니 지금부터는 질문을 바꾸자. "나는 저 사람보다 잘하고 있나?"가 아니라 "나는 어제보다 나아지고 있나?"라고. "왜 나는 저만큼 못하지?"가 아니라 "나는 내 길을 제대로 걷고 있나?"라고. 질문이 바뀌면 생각이 바뀌고, 생각이 바뀌면 행동이 바뀐다. 행동이 바뀌면 결국 인생이 바뀐다. 이제 비교하지 말고 실행하자. 성공이라는 환상을 좇기보다, 성장이라는 현실을 하나하나 쌓아가자. 그렇게 하루하루 쌓인 선택이, 결국 당신의 삶을 완성해줄 것이다. 비교하지 않고도 충분히 의미 있는 삶을 살 수 있다. 아니, 오히려 비교를 멈출 때 비로소 '진짜 나의 삶'을 살 수 있다.

PART·3·LIFE'S ATTITUDE

평균 이상의 삶은 결국 '선택'의 결과다

　인생은 작은 선택의 반복 속에서 만들어진다. 그리고 이 선택들이 일정한 방향성을 가질 때, 우리는 평균을 넘는 삶을 살게 된다. 다시 말해, '평균 이상'의 삶은 하루아침에 주어지는 결과가 아니라, 수많은 선택이 모여 만들어진 결과다.

　선택은 순간이지만, 그 결과는 오래간다. 아침에 "운동을 갈까, 말까?"라는 선택 앞에서 운동을 선택한 사람은 하루 종일 몸이 가볍고, 자존감이 높아진다. 하지만 "오늘 하루쯤은 쉬자."라는 선택을 반복하면, 결국 습관이 무너지고 루틴이 사라진다. 한 번의 선택이 작아 보일 수 있지만, 그 선택은 다음 선택을 결정짓고, 그렇게 우리는 하나의 삶의 흐름을 만든다. '배달 음식을 시킬까, 집에서 간단히 요리할까.'라는 선택도 마찬가지다. 오늘 배달을 시켰다고 내 인생이 망가지지 않는다. 하지만 이런 선택이 반복되면 건강이 무너지고, 돈이 줄고, 피로는 쌓인다. 삶의 질은 결국 떨어진다. 반대로 작은 선택이지만 직접 요리하고, 정리하고, 식사를 천천히 즐기는 삶을 반복하면 몸도 마음도 훨씬 안정된다. 결국 '작은 선택 하나'가 삶의 기반을 만든다.

12장 | 평균 이상을 완성하는 삶의 태도

아무리 좋은 선택을 해도, 우리는 때때로 후회할 수 있다. "그때 그렇게 하지 말걸.", "다른 길을 선택했다면 어땠을까." 같은 생각은 누구에게나 든다. 후회가 쌓이면 선택에 대한 두려움이 커진다. 그래서 나는 후회를 줄이기 위해 선택할 때 '미래의 나'를 먼저 떠올린다. 3개월 후의 나는 이 선택을 어떻게 기억할까? 1년 후의 나는 지금의 망설임을 어떻게 평가할까? 그리고 선택을 한 후에는, 그 선택을 내 것으로 만든다. 이미 선택했다면, 계속해서 더 나은 방향으로 발전시키려 노력한다. 후회는 선택 직후가 아니라, 선택 후 아무 행동을 하지 않았을 때 생긴다. 반대로, 선택 후 내가 최선을 다했다면, 결과가 어떻든 후회는 적다. 후회는 선택 자체가 아니라, 선택 이후의 태도에서 비롯된다.

나는 지금까지 수많은 선택을 해왔다. 어떤 선택은 나를 성장시켰고, 어떤 선택은 나를 돌아보게 했다. 때로는 잘못된 선택도 있었고, 시행착오도 많았다. 하지만 분명한 건, 그 모든 선택이 지금의 나를 만들었다는 것이다. 중요한 건 옳은 선택을 고르는 것이 아니라, 선택한 길 위에서 옳은 방향을 만들어가는 것이다. 평균 이상이란, '한 방의 좋은 선택'이 아니라, '수많은 작고 일관된 선택'의 결과다. 매일 같은 시간에 일어나기로 한 것, 하루 10분이라도 글을 쓰기로 한 것, 매주 한 권의 책을 읽기로 한 것, 건강한 음식을 선택하기로 한 것, 나를 아껴주는 사람을 곁에 두기로 한 것. 이런 모든 선택들이 모여 평균 이상의 삶을 만든다. 그래서 나는 지금도 끊임없이 질문한다.

"나는 오늘 어떤 선택을 했는가?"

"그 선택은 나를 더 나은 방향으로 이끌고 있는가?"
"나는 지금 내 선택을 책임지고 살아가고 있는가?"

당신의 삶은 거창한 성공의 결과가 아니라, 사소한 선택의 합이다. 그러니 선택을 두려워하지 말고, 당신의 가치에 맞는 길을 선택하라. 그 선택이 당신의 삶을, 나아가 당신 자체를 바꿀 것이다.

누군가의 성공 뒤에는 늘 '선택의 결단'이 있다. 나는 주변에서 평균 이상의 삶을 만들어낸 사람들을 관찰하고, 그들과 인터뷰하며 공통된 특징을 찾을 수 있었다. 그들은 절대 완벽한 계획을 세우고 움직인 사람들이 아니다. 오히려 그들은 '준비되지 않아도 움직이는 사람'이었다. 한 지인은 회사를 다니며 늘 창업을 꿈꿨지만 '언젠가'라는 말만 반복하곤 했다. 그러다 어느 날, 사이드 프로젝트로 작게 브랜딩된 제품을 하나 만들어 SNS에 올렸고, 그것이 시작이 되어 지금은 1인 브랜드 대표가 되었다. 그는 이렇게 말했다. "처음부터 확신은 없었어요. 그냥 이 선택이 나를 좀 더 내 쪽으로 끌고 갈 것 같았어요." 그게 핵심이다. 선택은 언제나 '불확실함' 속에서 내려진다. 중요한 건 그 불확실함 속에서도 나를 믿고 한 걸음 내딛는 것이다. 선택의 본질은 방향이다. 어떤 사람이 되고 싶은가. 어떤 삶을 살고 싶은가. 거기에 맞는 선택을 매일 하나씩 해야 한다.

나는 오늘도 선택한다. 일찍 일어날지 말지, 글을 쓸지 말지, 건강을 챙길지 말지, 피곤함을 핑계 삼을지 아닐지. 그리고 그 작은 선택들이 모여 지금의 나를 만든다. 당신도 마찬가지다. 오늘 어떤 선택을 하느냐에 따라 1년 뒤의 당신, 3년 뒤의 당신, 그리고 10년 뒤의 당신이 완전히 달라질 것이다. 평균 이상의 삶은 선택의 결과다. 이 문장을 매일 마음에 새기자. 당신의 모든 선택이 당신의 삶을 바꿀 것이다. 그러니 두려워하지 말고, 지금 선택하라. 어제보다 나은 방향을, 그리고 오늘 가장 나다운 길을.

PART 3 · LIFE'S ATTITUDE

내 삶을 살아낸 당신에게
전하고 싶은 말

지금 이 글을 읽고 있는 당신은, 이미 아주 특별한 사람이다. 스스로의 삶을 바꾸기 위해, '평균 이상의 삶'을 진지하게 고민했고, 그 과정에서 이 책을 끝까지 읽고, 스스로를 돌아보았기 때문이다. 나는 안다. 책 한 권을 끝까지 읽는 일도, 바쁜 일상 속에서 자신의 삶을 돌아보는 시간도, 결코 쉬운 일이 아니라는 걸. 당신은 이미, '실천하는 사람'의 첫걸음을 내디딘 사람이다. 나는 지금까지 평범한 자리에서 도전했고, 도전하는 과정에서 수많은 실패를 겪었고, 실패 속에서 다시 돌아보며 길을 만들어왔다.

그 여정을 통해 하나 확실히 깨달은 게 있다. 평균 이상의 삶은 선택의 연속이며, 실천의 총합이다. 특별한 배경도, 화려한 재능도 없던 내가 지금까지 걸어올 수 있었던 이유는 단 하나였다. "어제보다 조금 나은 나를 만들기 위해, 오늘 무엇을 선택할 것인가?"라는 질문을 매일 품었기 때문이다. 그 질문 하나가 나를 여기까지 끌고 왔다. 당신도 마찬가지다. 지금 어디에 있든, 어떤 상태에 있든, 어떤 실패를 겪었든, 이제 중요한 건 "지금부터 내가 무엇을 선택할 것인가?"이다. 평균 이상의 삶은, 타고나는 게 아니다. 그 삶을 '살아내기로 결정한 사람'이 만들어가는 것이다. 그 사람은 완벽하지 않아도 된다. 항상 의욕 넘치지 않아도 된다. 다만, '다시 일어나는 사람', '자기 삶에 책임지는 사람'이면 충분하다. 당신이 지금까지 해온 모든 도전은 절대 헛되지 않았다. 혹시 지금, "나는 충분히 잘하고 있는 걸까?", "이렇게 가는 게 맞는 걸까?", "다시 해도 될까?" 이런 생각이 머릿속을 떠나지 않는다면, 나는 이 책의 마지막 꼭지에서 이렇게 말하고 싶다.

당신은 이미 평균 이상의 삶을 향해 가는 중이다. 이 책의 앞에서 말했듯, 평균 이상의 삶이란, 남들보다 앞서는 것이 아니다. 남들보다 더 화려한 결과를 갖는 것도 아니다. 평균 이상의 삶이란, '자기 기준으로 선택하고 행동하며 살아가는 삶'이다. 당신이 직접 선택한 방향으로, 스스로 책임지는 태도로 살아가고 있다면, 당신은 이미 평균 이상이다. 그 도전이 작아 보일 수 있다. 매일 아침 조금 일찍 일어나는 일, 하루 10분이라도 글을 써보는 일, 하루 5분 스트레칭을 하는 일. 하지만 그 작은 행동들이 모여 평생의 리듬이 되고, 정체성을 만들고, 결국 인생 전체를 바꾼다.

그래서 나는 오늘도 말한다. 작은 선택을 하라. 작은 도전을 하라. 그리고 매일 스스로를 응원하라. 그 사람이 평균 이상의 삶을 살아내는 사람이다. "이 정도 해도 괜찮은 걸까?", "다들 잘나가는데, 나만 제자리인 것 같아." 혹시 이런 생각이 들더라도, 나는 꼭 전하고 싶다. 당신은 반드시 성장하고 있다. 성장은 눈에 보이지 않을 때가 많다. 씨앗이 땅속에서 싹을 틔우기 전, 아무것도 안 일어나는 것처럼 보이지만 그 안에서는 이미 많은 변화가 일어나고 있다. 지금 당신이 책을 읽으며 스스로를 돌아보고, 글 한 줄, 생각 한 조각이라도 자신 안에 새기고 있다면 당신은 이미 어제의 당신과는 다른 사람이다. 비교하지 마라. 당신의 속도를, 당신의 기준으로 바라보라. 그게 바로 평균 이상의 삶의 출발점이다.

나는 이 책을 쓰며, 과거의 나에게 하고 싶은 말들을 많이 떠올렸다. 혼란스럽고, 방향을 잃고, 지쳐 있던 나에게 이 책의 문장들이 따뜻한 가이드가 되었으면 했다. 그리고 지금 이 글을 읽고 있는 '당신'이 그 과거의 나처럼, 어디선가 혼란과 선택의 기로에 서 있다면 이 책이 당신에게 그렇게 다가갔기를 바란다. 당신은 생각보다 괜찮은 사람이다. 당신은 이미 잘하고 있다. 그리고 지금도, 앞으로도 충분히 성장할 수 있다. 이제 당신의 삶을 당신이 직접 만들어갈 시간이다. 누구의 기준도 아닌, 오직 당신의 선택과 방향으로.

이 책의 마지막에서 나는 당신과 단 하나의 약속을 하고 싶다. "나는 앞으로도 내 삶을 내가 선택하고, 어제보다 나은 방향으로 나아가기 위해 작은 실천을 멈추지 않겠다." 이 문장을 어딘가에 적어두자. 핸드폰 메모장에, 다이어리 속에, 노트 한 귀퉁이에. 그리고 마음이 흔들릴 때마다 꺼내보자. 당신이 걸어온 길이 틀리지 않았음을, 당신이 지금도 충분히 잘하고 있음을, 그리고 앞으로 더 멋진 당신이 기다리고 있음을 기억하자. 당신은 당신의 삶을 살아냈다. 그리고 살아내고 있다. 나는 그 여정에 박수를 보낸다. 그리고 응원한다. 평균 이상의 삶이란 '살아낸 자에게 주어지는 선물'이다. 당신은 그 선물을 받을 자격이 있다. 진심으로, 고맙다. 당신의 삶이 이 책과 만나주어서.